前　言

买手店最早出现于20世纪60年代的欧洲，并逐渐发展。随着注重个性化消费人群的不断增多，买手店已获得越来越大的发展空间和渠道，并引发了行业的变革。如今，买手这一经营模式已经获得个性化消费群体的认可，不仅涌现出一批初具规模的服装设计师品牌买手店，而且全球化视野的百货商场也在引入买手经营模式。

本书力图阐明开创一家设计师品牌买手店所需经历的环节，包括买手店概念的解读、设计师品牌买手店发展现状的分析以及从开业准备到实施的全过程梳理，同时实地采访并整理了若干设计师品牌买手店的经典成功案例。

本书可为设计师买手店从业者和希望在这一领域得到事业拓展的人士提供参考，也可供高等院校时尚经营类专业教学之用。

本书是杨以雄教授主编的时尚品牌经营与管理系列丛书之一。杨以雄教授策划并组织了本书撰写，同时负责全书审稿。主要作者有DFO首席运营官及观潮时尚网创始人叶琪峥、上海工程技术大学服装学院周志鹏、东华大学服装·艺术设计学院邵丹，参与编写的还有蔡钰茹、单丹微、熊棕瑜、翟世瑾、马骥、侯永海、陈炜、高融等。

本书融入了编者多年积累的理论研究和实践结果，并结合了诸多案例。然而，设计师品牌买手店在国内仍处于起步阶段，如何探索系统性的本土化发展模式仍有待进一步尝试。书中不妥之处，敬请斧正。

编者

目录

附录 实用资料

如何开家设计师品牌买手店

(第二版)

杨以雄 主编

叶琪峥 周志鹏 邵丹 编著

东华大学·海派时尚设计及价值创造协同创新中心

東華大學出版社·上海

图书在版编目(CIP)数据

如何开家设计师品牌买手店/杨以雄主编;叶琪峥,周志鹏,邵丹编著. —2 版. —上海:东华大学出版社,2018. 4
ISBN 978-7-5669-1382-1

Ⅰ. ①如… Ⅱ. ①杨… ②叶… ③周… ④邵… Ⅲ. ①服装—商店—商业模式—研究 Ⅳ. ①F717. 5

中国版本图书馆 CIP 数据核字(2018)第 060213 号

责任编辑 李伟伟
封面设计 周志鹏

如何开家设计师品牌买手店(第二版)
RUHE KAIJIA SHEJISHI PINPAI MAISHOUDIAN
主　　编 杨以雄
编　　著 叶琪峥　周志鹏　邵　丹

出版发行 东华大学出版社(上海市延安西路 1882 号 邮政编码:200051)
出版社网址 http://dhupress. dhu. edu. cn
天猫旗舰店 http://dhdx. tmall. com
营销中心 021-62193056　62373056　62379558
印　　刷 苏州望电印刷有限公司
开　　本 787 mm×1 092 mm　1/32
印　　张 7. 625
字　　数 210 千字
版　　次 2018 年 4 月第 2 版
印　　次 2018 年 4 月第 1 次印刷

书　　号 ISBN 978-7-5669-1382-1
定　　价 32. 00 元

1

什么是设计师品牌买手店

1.1 买手店很高大上吗?

经验表明,在开店前做好充分的准备将有助于取得事半功倍的效果,反之,则往往会变得事倍功半。根据对买手店的调研发现,一般买手店开业前的准备期在6个月左右,有些甚至需要1年的时间。

广义而言,街道边任何一家小店都可以称为买手店,因为货品都是店主买来然后加一定利润后卖出,进什么货由店主决定。然而本书涉及的设计师品牌买手店似乎带着一轮光环,人们往往认为这些店的店主才是真正的买手。其实也不必看得如此高大上,究其原因主要是因为国内改革开放始于20世纪70年代末,尤其时尚业,短短几十年浓缩了国外上百年的发展历程,使得目前我国的设计师品牌买手店如此稀缺。

在海外,其实一开始并没有品牌概念,首先是有商店,店主或买手去选择适合当地市场的商品进行销售,有的商店发展成为大型连锁零售商,如沃尔玛和梅西百货,有的则根植于本地市场,成为了人们称谓的买手店。另一端,商品供应方逐渐强大起来,发展成品牌系列产品,甚至拥有自己的经销商、代理商,比如Nike和Adidas。有些品牌甚至自己建立零售连锁店,如经营垂直一体化的范例:优衣库和Zara。

中国改革开放促使消费经济大发展,但外资进入内销市场受限颇多。目前,国外大型零售商进入中国内地市场非常少,而取得成功的则更少。

消费者在国内看到的往往是成功的国外品牌，而同一时期，国内也在开发建立自己的品牌，直接跳过了国外先有商店后有品牌的这一发展阶段。于是，国内的百货店从 20 世纪 90 年代开始并不自设买手，而是要求入驻品牌直接以专柜形式联销，百货店按照销售额收取一定比例的扣点后还需要设定一个保底金额。如此一来百货店以最简单的方式看似立于不败之地，如果入驻品牌一定阶段达不到保底金额，就用别的品牌替换，反正有的是想进商场的品牌，即所谓"店大欺客"。

中国由于地域辽阔，各地区间发展不均衡，由此出现了多种经营模式，除了百货店和大卖场外，常见的有直营店、加盟店、托管店、买手店、奥特莱斯店、个体自营店等(表 1-1)。

A. 直营

国际顶级奢侈品牌和大型快时尚品牌主要采用直营模式，如奢侈品牌 Hermès(爱马仕)、Chanel(香奈儿)、Louis Vuitton(路易 · 威登)，快时尚品牌 Zara、Uniqlo(优衣库)、H&M 等。这些品牌实力雄厚，从产品开发到终端零售全部由企业自主完成，确保品牌以最佳状态展现给消费者。从店铺经营者角度来说，这些店铺可作为参考和学习的对象，但设计师品牌买手店与其合作的可能性几乎没有。

B. 特许经营

特许经营(Franchise)是国际上通行的品牌连锁发展重要方式。我国 2007 年推出的《商业特许经营管理条例》规定：拥有注册商标、企业标志、专利、专有技术等经营资源的企业(以下称特许人)，以合同形式将其拥有的经营资源许可其他经营者(以下称被特许人)使用，被特许人按照合同约定在统一经营模式下开展经营，并向特许人支付特许经营费用的经营活动。

表 1-1　不同零售经营方式释义及对比

经营模式	定义	经营方式	货品来源	人员配置	利润分配	特点
直营店	由公司总部直接经营、投资、管理各个零售点的连锁经营形态	总部采取垂直经营管理方式，直接管控零售店，接受总公司指挥	公司总部	公司总部	归公司总部所有	经营权由公司总部控制
加盟店	品牌公司将商品授权给加盟商，利用品牌形象、商品美誉度等，吸引消费者购买，是特许经营的主要方式	总公司提供品牌理念、主题及商品支持，加盟商订购商品进行自主经营	公司总部、上级代理商	加盟商	除加盟费及商品成本外，利润归加盟商所有	与品牌商是利益共同体，拥有自主经营权，但风险大
托管店	受托人接受委托人的委托，按照合同，对委托对象商品进行经营管理和销售活动	零售店归总公司所有并向托管方支付费用，经营活动由托管方负责	公司总部	托管方	归公司总部所有	经营权交由托管方，零售店及利润归总公司所有
买手店	以目标顾客时尚需求为基准，选择不同品牌的时尚商品，集合在一起销售	买手店或店主购买品牌服装，自主经营	Showroom、订货会、展会等	买手店	归买手店所有	小众消费者、品位鲜明，汇集不同时尚产品
奥特莱斯店	销售名牌过季、下架、断码商品的购物中心	品牌公司直接在奥特莱斯开设折扣店，自主经营，自负盈亏	公司总部	公司总部	归公司总部所有	产品质量有保证，价格适中，货品量大而集中
个体自营店	个人经营的小微型服装店	自主采购与销售	服装批发市场	店主	归零售店主所有	店铺多，价廉，质量不稳

特许经营在我国应用比较广泛的是可以标准化的餐饮领域，比如麦当劳和星巴克等。而在服装领域，由于国内市场地区差异较大，市场渠道复杂，特许经营推行需投入较大资金。以目前某快时尚品牌在国内推行的“类直营”特许经营模式举例来说，单一店铺初始总投资在500万～600万元，店铺面积在1 000～1 200平方米。选址要求中，一线城市目标：成熟商圈、成长型商圈及中高端大型社区；二线城市目标：成熟商圈及成长型商圈；三线城市目标：成熟商圈。这类特许直营对店铺选址的要求高，而合作者的回报是按照月销售额以每月不超过45%的比例返还。

如此看来，特许经营一般要求企业有较强的品牌经营能力，而被特许人则有较强的经济实力和本地资源，双方属于优势互补。对被特许人来说，自主发挥空间较小，经营受品牌特许约束。

C. 加盟经营

加盟经营是品牌特许经营模式的一种，国内最常见的加盟商在商场或专有经营场地销售品牌货品，一般以专卖店或专柜形式出现。国内经过近30年的发展，呈现出若干区域性大型加盟代理商，一般同时经营数个品牌，在当地商场具备较强的品牌经营资源。

事实上，在具体加盟经营条款上有许多差别，每个品牌和公司所采取的策略也不尽相同。总体来说，店铺经营者需要与品牌建立深入的特许合作关系，品牌对加盟商有订货量和店铺统一展示形象等要求。

服装品牌若要进入新市场，这时，成熟品牌往往已经有加盟商在运营，而新进品牌要么寻找有经验的加盟商，或者服装品牌企业利用自身无形资产优势吸引加盟商。品牌企业和加盟商都要考虑合作共赢是否能够长期稳定发展。

D. 托管

这种经营模式与加盟经营的区别是店铺经营者不需要投入资金开店买货，而是负责管理店铺，根据销售额提取一定比例的佣金作为收入。托管在国内还分为大托管和小托管两种模式，前者店铺经营者需要承担店员的工资，而后者的店员工资由品牌方承担，当然这时两者的分成比例也不同。对托管者的要求除了较高的店铺管理经验外，还需要有一定的渠道拓展能力，比如在当地较好的商场能开出专柜。

无论是特许经营或加盟经营还是托管经营，都是以品牌为核心，店铺经营者需要依据品牌经营理念和指令进行运作。如果业主对品牌风格不认同或希望创造自己的风格，那么上述几种模式可能不适合自主经营。

E. 自营

自营服装店最大的问题是缺乏正规渠道采购品牌产品。中国是生产大国，在国外快时尚品牌和奢侈品牌尚未大规模进入国内时，外贸原单店成为引领潮流的时尚店铺，在那里你能找到物美价廉又时髦的剪标货。然而随着时间推移，各种伪外贸原单店开始出现，加之海外品牌大量进入中国，消费者的选择渠道增多，外贸原单店若不转型则难以生存。

通常，店主转型路径的选择大致有三类：第一类是“向下走”，从国内各大批发市场进货卖给大众市场；第二类是自建品牌，为人熟知的“热风”品牌是其代表；第三类是“向上走”，开始去国外时装周引进国外设计师品牌货品，成为设计师品牌买手店。

1.2 为何以前设计师品牌买手店难以成功?

店铺经营者遇到的问题有时很纠结,如果你想开一家有品味的店铺,你只有两条路:一条是代理一个你认为有品味的品牌,一条是你自己创造一个有品味的品牌。除此以外几乎没有其他路,因为商场不会给你空间开一家没有品牌特色的店铺,而有品味的品牌也不会允许你将他的品牌与其他品牌混在一起卖,他们担心品牌风格错乱。所以如果不自创品牌,店铺经营者就必需直接为某品牌开出一家专卖店或专柜来经营,否则品牌不会卖货给它。

但是店铺经营者们都很乐意上品牌这条大船,他们原先拎着蛇皮袋跑全国各地批发市场,现在转型为加盟商,可以去品牌总部参加订货会。这种情况下,可谓温水煮青蛙,加盟商只能在品牌给定的货品范围内挑选货品,而其中某些又属于必定款,长此以往导致加盟商的买手能力缺失,特别是在风格创造与表现上,因为品牌企业只需要加盟商尽可能传递其风格,而不需要去变化和演绎。

所谓的设计师品牌买手店实际是指店主能创造出店铺的自主风格,并通过店铺的货品和陈列将之个性化特色展现出来,在当地市场能起到引领潮流的作用。而大牌服装专卖店则不是这种风格,简单举个例子,只卖爱马仕 Birkin 和香奈儿 2.55 等大牌包包的奢侈品店就不能算在设计师品牌买手店里,这种店称为大牌精品店比较合适。

中国开始成为世界重要奢侈品市场之时，理论上应该有西方买手制百货店和多品牌精品店的生存空间。然而，早期的设计师品牌集成买手店在中国似乎始终游离于主流消费圈之外。

为什么当时的中国内地消费者不待见买手店而只爱专卖店？首先，由于中国内地时尚领域开放时间晚，买手店与品牌同时进入市场时，买手店的宣传力度肯定不及品牌影响力强大，开店规模与数量也不可同日而语。其次，当时仍处于启蒙阶段的消费者在购物时往往看重品牌多于产品本身，而设计师品牌买手店的服装属于特色、小众商品，当别人问你这件衣服是什么牌子时，你自己可能都读不出这些欧洲设计师品牌的名字，而且对方可能还不知道这家店有什么来头。再者，还有一件对买手店而言极为尴尬的事，那就是当买手店将许多品牌引入且初现规模后，品牌很有可能会收回经营权自己开店，买手店此时就可能不被允许再售卖这些品牌，于是不得不再去发掘新的品牌。

然而，近年来随着中产阶级购买力的提升，中国消费市场结构正在发生巨大变化。一部分具有很强购买力的消费者开始追求个性、潮流、与众不同的标签，他们的兴趣点渐渐从“大众化”的主流奢侈品牌转移到个性鲜明的品牌。不断涌入的国际时尚品牌和饱含生命力的本土设计师品牌，已经成为了改变国内消费市场同质化竞争格局的关键，设计师品牌买手店在其中扮演着重要角色。

1.3 市面上买手店有哪些类型？

作为一个希望成为有品味店铺的经营者，大致有如下买手店铺类型可以参考或操作（表1-2）。

表1-2　买手店的类型

买手店类型	进货渠道	店铺表现	经营压力
品牌加盟商	品牌订货会，依据品牌授权经营	单品牌店铺，展现品牌风格	销售指标高，受加盟合同制约
海外品牌精品店	经销海外品牌，不注重品牌授权	商品是店铺最重要的展示	容易受质疑，如原产地、货品真假
设计师品牌买手店	Showroom或展会，有品牌授权	营造店铺自有风格品味	是否能找到足够和稳定的消费者
一般买手店（外贸原单店）	批发市场或工厂渠道，品牌杂乱	商品越丰富越好，社区店即可	缺乏社会认同感，质量参差不齐

由表1-2可知，设计师品牌买手店若要创造特色经营风格，服饰货品一定要相对稀缺，也就是出售的商品不能在批发市场或商场里随处找到，这种商品往往是设计师品牌的小众产品。通常，设计师品牌根据订单生产，也就是买家需要提前订货。

希望通过接下来的章节，告诉读者如何开设一家设计师品牌买手店。

虽然单品牌店铺依然会占据市场较大的份额，但我们相信买手店会成为未来中国时尚市场的重要组成部分。

1.4 开设计师品牌买手店正当时

经过多年的经济发展，中国已然成为世界最大奢侈品消费国之一，国内中高端零售市场在井喷式发展后也已进入调整期。传统的商场渠道受到巨大冲击，消费者不再满足于消费少数几个奢侈品大牌，对品牌的忠诚度也进一步降低，期望购买能体现自己个性的着装品。

从经营角度而言，单品牌的生命周期开始变短，品牌从爆发到衰退意想不到得快。传统品牌加盟方式依附于品牌特许受到很多限制，无法发挥店主的创新和创意。

举例来说，国内某服装上市公司独家代理海外某知名品牌，通过自营和招聘下级代理的方式拓展市场。据了解，该品牌的货品一般到季末仅能销售掉一半的当季货品，而实际销售成交价格为吊牌价的八折左右。考虑到商场的租金扣点、人员、装修和税金等相关费用，几乎无法盈利。而代理商手里剩下的大量库存仅有小部分比例可以在下一季上货时与品牌商调换为新品，对于剩下的货品，加盟商只能根据品牌商的打折要求和规定慢慢消化库存。长此以往，加盟商将陷入恶性循环，随着规模不断扩大，想掉头将会更难。

大环境方面，全国各地的商业地产在若干年内将不断推出，现阶段许多购物中心千店一面，缺乏特色。因此新的商业地产希望找到吸引消费者和有特色的商家入驻，而设计师品牌买手店是一种选择。好的买手店甚至能成为地标，让商业地产增值，最明显的一个例子是“方所”。方所自2011年11月25日在广州成立以来，试图构建新生活美学体系，重塑中国的美感尺度，成为汇聚人潮、激荡思想的创意基地。方所获得过“2012年度世界零售业大奖——最佳店铺设计奖”，如今已成为广州的文化地标之一，也被喜爱它的人称之为“中国最美书店”。

在买手店中，设计师品牌买手店可以说是最有特色的一种。因其经营模式与国际时尚界接轨，如果能经营好一家设计师品牌买手店，那么再去经营其他类型买手店会相对容易一些。

想一想中国时尚创业者的经历：曾经自古华山一条路，市面上没有自己喜欢的产品，只能自己创立一个品牌。自己创立了一个品牌却没有合适的地方卖，只能自己开家店铺。现在，时尚创业者想创立品牌可以开家买手店；想卖东西，可以找自己喜欢的产品开家买手店。正所谓条条大路通罗马，开办设计师品牌买手店适逢其时。

2

开一家怎样的设计师品牌买手店

2.1 国外设计师品牌买手店分析

正如第一章所述，国外零售商主要是自主采购货品进行销售，因此就经营模式而言属于买手型店铺。特别是大型连锁百货商店也是如此，这一点与国内百货店经营方式有较大区别。

本书讨论的买手店范围界定为在当地拥有一定知名度的小型服装设计师品牌买手店，这类店铺的顾客对生活品质有一定要求，在当地属于时尚潮流引导者。

在这里有必要了解一下国外知名买手店，它们在世界范围具有影响，大多坐落于世界时装之都，与最炙手可热的设计师品牌合作，影响着世界潮流的发展。

◆小案例　　Colette 买手店

Colette（柯莱特）时尚店，于 1997 年 3 月在巴黎圣奥诺雷路 213 号开业。占地 700 平方米的建筑空间旨在重新定义零售的概念。通过经历三个层次的跨越，顾客可以感受到巴黎柯莱特时尚店的独特魅力，它包含了对时尚、高科技、艺术、街头风、美容、水等各种品类永无止境的追求。对于那些不能到店访问的顾客，可以通过访问官网（www. colette. fr）来查看每天更新的产品、新闻、活动以及特别计划，也可以浏览官方博客或每月一期的播客。同时可以关注巴黎柯莱特时尚店的 Facebook、Twitter 和 Instagram 官方账户。通过偶然相遇、旅途所见和探索发现，新产品和新品牌源源不断地出现在柯莱特时尚店中。专营版、预发行版、限量版、著名设计师品牌、新锐设计师品牌，甚至那些被人们遗忘的品牌……一种结合了现代性、原创性和至上品质的独特方法。这是典型的柯莱特精神：一个独特的混搭，以客户为蓝本，并把人们团结在一起。具有反应的、坚定的、有影响力和充满激情的、有远见的和自发的……这些都可能是用来描述柯莱特的关键字。

一楼1区

柯莱特时尚店的图书和杂志库科目广泛，专注于时尚、艺术、设计、音乐、图形和城市文化领域。

店里有一面Ipad墙向顾客展示柯莱特时尚店的“当代精神”。柯莱特文化是寻找并提供给顾客最新、最广泛、最难得到的音乐品种。本着这一精神，店里的DVD库会定期更新，不断变化曲目。

千万不要错过柯莱特蜡烛吧——一个完美的礼物！在这里，除了发现柯莱特系列的蜡烛，还可以找到各类其他品牌的蜡烛，如Mizensir、Byredo、Diptyque、Alexa Rodulfo、Jonathan Adler、Ligne Blanche、Maison Kitsuné等。

一楼2区

可供广泛选择的名牌或新锐品牌的高科技产品，如太阳镜(Gareth Leigh Linda Farrow、Moscot、Thierry Lasry等)、精制表件(Bell & Ross、Devon、Jacquet Droz、Linde Werdelin、March、Romain Jerome、U-Boat、Ventura等)。这些货品每周更新，并且都是独家发布的。

通过各种品牌展示广泛的街头文化，如aNYthing、Bape、

Bleu de Paname、Clot、Cole Haan、Comme des Garçons Play、DeerDana、Daily paper、Etiquette、Good Guys、Lacoste Live、Maison Labiche、Mark Mc Nairy、Norse Project、Only NY、Pigalle、Pyrex、Ron Dorff、Saturdays NYC、Staple and Vis-vim 等。

可以保证的是顾客在离开店铺前肯定会购买著名的柯莱特包。

二楼

陈列的时装分为男装和女装，融合了著名品牌和年轻设计师的产品，同时还有精心挑选后的配件和珠宝。

女装区(品牌名)

Alexander Wang、Ashish、Andrea Crews、Anthony Vaccarello、Azumi & David、Carven、Celine、Chinti & Parker、Christopher Kane、Comme des Garçons、Current Elliott、Dior、Erdem、Hervé Leroux、Gareth Pugh、Givenchy、Jason Wu、Jeremy Scott、Julien David、Junya Watanabe、Kenzo、Marc Jacobs、Marios Schwab、Mary Katrantzou、Missoni、Moncler、Sacai、Olympia Le Tan、Peter Pilotto、Pièce d'Anarchive、Proenza Schouler、Pucci、Reed Krakoff、Rodarte、Stella Mc Cartney、Simone Rocha、Sophie Hulme、Thom Browne、Valentino、We Are Handsome、Saint-Laurent 等。

女士配件区(品牌名)

Ancient Greek Sandals、Adieu、Charlotte Olympia、Esquivel，Fendi、Giuseppe Zanotti、Jane Carr、Jennifer Behr、

Maison Michel、Newbark、Nicholas Kirkwood、Olympia Le Tan、Paco Rabanne、Pierre Hardy、Repetto、Roger Vivier、Sergio Rossi、Sophia Webster、Tabitha Simmons 等。

珠宝区(品牌名)

Ambush、AS29、Aurélie Bidermann、Ca & Lou、Carolina Buci、Delfina Delettrez、Dinh Van、Eddie Borgo、Ego sur Mesure、Elise Dray、Hillier、House of Waris、Ileana Makri、Jem、Jordan Askill、La Brune et la Blonde、Lara Melchior、Lucy Folk、Marie-Hélène de Taillac、Montse Esteve、Pamela Love、Pristine、Repossi、Rough Diamonds、Tom Binns、Yazbukey、Venessa Arizaga 等。

男装区(品牌名)

Alexander Olch、Band of Outsiders、Carven、Christopher Raeburn、Comme Des Garçons、Dior、Givenchy、hentsch Kenzo、Maison Kitsuné、Julien David、Junya Watanabe、Lanvin、Maison Martin Margiela、Marc McNairy、Missoni、Moncler Gamme Bleue、Mr Hare、Officine Générale、Orlebar Brown、Quai de Valmy、Raf Simons、Sacai、Saturdays NYC、Séraphin、Thom Browne、Valentino、Visvim、Saint-Laurent、Yuketen 等。

画廊区

柯莱特画廊每个月会举办新的作品展。根据不同的艺术家和展览主题,柯莱特时尚店会选择从画廊到地下层不同的空间进行展示。

柯莱特画廊迄今已经成功举办过以下艺术大师的展览:

Bruce Weber、Yoshitomo Nara、Harri Peccinotti、Rinko Kawauchi、Mark Borthwick、Jordan Tinker、Martin Parr、Claude Closky、Futura、Stash、Joe Szabo、Karl Lagerfeld、The Selby、Solve Sundsbo、Matt Jones、Eric Elms、Darcel、André、Olivier Zahm、Tom Sachs、Simon de Pury、Eric Parker、Terry Richardson、Platon、Julia Chang、David Mushegain、Parla Brothers、Kevin Lyons、Jean-Philippe Delhomme 等。

美容区

美容区会提供诸多精挑细选的产品用来呵护顾客身体，包括彩妆、护肤、身体和头发保养等，这些产品的品牌有：Uslu Airline、Edward Bess、Belmacz、Ilia、RMS Beauty、Topshop Make-Up、CO. Bigelow、Chenot、Colbert MD、Cowshed、ME Skinlab、Baxter of California、Ren、The way of alchemy、Diptyque、Essential Kit、Joelle Ciocco、Bumble & Bumble、Christophe Robin、John Master Organics 等。

通过专业人士的演示，会为顾客建议最好的产品或尝试新产品。而萨维系列独家香水保证了顾客的愉悦感，有经典与全新调配的香味可供选择，如 Le Labo、Comme des Garçons、Byredo、Odin、Ineke、Memo、Juliette has a gun、Excentric Molecule 等。

地下室——水吧

水吧餐厅每天 11:00—19:00 开放，以最好形式提供特色产品。餐厅会从法国和世界各地其他地区挑选精美的食物提供给顾客，其中包括不同的精选咖啡和热饮料。餐厅提供超过九十余种品牌水，在巴黎最酷的环境中，刷新并激活顾客心情，同时滋润感官。

对于早午餐、午餐、工作或娱乐，水吧可提供诸多由美食爱好者指定的特别品类或产品。

对那些喜欢在吃饭时上网的顾客，柯莱特水吧可以提供免费 WiFi 服务，同时也有许多精选的国际杂志可供翻阅。

实用信息

地址：213 圣奥诺雷路 75001 巴黎—法国

电话：(33)155353390 传真(33)155353399

邮箱：contact@colette. fr

营业时间：11:00—19:00，周日休息

官网：www. colette. fr

交通

柯莱特坐落在巴黎市中心，步行到卢浮宫博物馆或旺多姆广场 5 分钟

地铁站名：Tuileries 或 Pyramides

公交线路：68 或 72

商店位于 Velib 车站附近

停车场：Place du Marché St Honoré

柯莱特服务

登录官网 www. colette. fr，除了购物，还可以提供巴黎和世界各地的快递服务、修改服务、免费 WiFi、婚礼单等。

来源：巴黎柯莱特时尚店官网，http://www. colette. fr/

◆小案例　10 Corso Como 买手店

1990 年 9 月，曾经担任服装时尚编辑及图书发行人的 Carla Sozzani，在米兰市考冒大街 10 号一个改装后的汽车库房里开办了艺术品陈列室，从事摄影、艺术和设计方面的工作。Carla Sozzani 与美国艺术家 Kris Ruhs 在此共同度过 20 余年，并在米兰创造了一种史无前例的生活方式。不久，一个书店并入该画廊陈列室，继之是一个时尚和设计商店加入进来，之后是一个花园式咖啡馆，最后是一个有着三间客房的精品酒店。10 Corso Como 摒弃了一直以来被大众所接受的零售经营模式，与此同时，通过产品、空间和活动推行着一种“漫步式休闲购物”模式。10 Corso Como 成为全球性各种文化的聚合，包括时尚、食品、艺术和摄影等。10 Corso Como 也因此刺激了整个 20 世纪 90 年代的市场，并为 21 世纪的“国际风格”奠定了基准。

2002 年，“10 Corso Como—Comme des Garçons”在东京开业。Rei Kawakubo 与 Carla Sozzani 在设计理念上的这一合作成功预示着全球品牌合作的趋势。

2003 年，“10 Corso Como”在米兰开设 3 Rooms 酒店，为游客带来“宾至如归”的入住体验。

2008 年，“10 Corso Como”携手三星集团在韩国设立“10 Corso Como”首尔分店。

这一合作提升了韩国的设计美学，同时巩固了“10 Corso Como”的独特品牌个性。

2009 年，“10 Corso Como”网站上线。

2010年,"10 Corso Como"继续扩大,新增了一片"绿洲",即屋顶花园,连同下方的庭院和花园,均被LIPU(意大利鸟类保护联合会)认定为鸟类栖息和迁徙的保护区。

2011年9月9日,"10 Corso Como"迎来20周年庆典。产品领域多元发展,包括设计、时尚、生活方式以及烹饪,均带有"10 Corso Como"的品牌标签。如今,10 Corso Como已发展成为别具特色的全球品牌。通过与其他市场领导者合作,"10 Corso Como"正成为数量与日俱增的品牌拥趸,尤其为不断扩大的亚洲市场开发着特别定制的限量版产品。

2012年,"10 Corso Como—Comme des Garçons"开业十周年庆典,首个合作品牌项目至臻成熟。

10 Corso Como在首尔开设第二家分店。Comme des Garçons和10 Corso Como的全新双品牌零售理念来到韩国首都,落户首尔乐天AVENUEL百货公司5楼。

2012年5月15日起,10 Corso Como携手Comme des Garçons在日本市场独家推出自主品牌的限量版产品,以及其他领域的合作品牌产品,涉及设计、生活方式、时尚服饰、音乐以及烹饪。这些产品均在银座的Comme des Garçons DSMG新店6楼独家销售。

2013年,10 Corso Como与赫基国际集团(Trendy International Group)合作将10 Corso Como的购物理念带到上海。

2014年5月,由Rizzoli出版的书籍10 Corso Como from A to Z正式发行。

同年10月,10 Corso Como北京店在新光天地正式开幕。

来源:10 Corso Como官网,http://www.10corsocomo.com/

◆小案例　　Opening Ceremony 买手店

Opening Ceremony（开幕式）于 2002 年由来自加州大学伯克利分校的卡罗尔·李和温贝托·梁两位好友创立，用以分享他们对旅游、艺术和时尚的激情。受到一次中国香港之行的启发，两人决定辞去他们在公司的工作以实现自己独特的梦想。最初只是在纽约市中心一条安静的街道上设立了一家单店，现在已经在纽约和洛杉矶成为一个具备引领潮流的全球性社区，在东京一家百货商店中有专柜，还拥有一间 Showroom（品牌陈列室）和一个自有品牌，以及博客和电子商务网站。

“开幕式”名称和使命源自法国著名教育家、国际体育活动家、教育学家和历史学家、现代奥林匹克运动的发起人顾拜旦。“开幕式”采用了多国产品集合零售的方式。除了从标杆式的或新兴的本土设计师那里进货，“开幕式”每年也会通过展示某个受邀国家的国粹和商品，将店铺改造成为异国情调纪念品和国际人才创意设计的市集。

如今，“开幕式”将继续按照探索和友谊的创始原则拓展，通过与捐助者的合作，“开幕式”建立了远远超出了时尚界的创作环境。多年来，与“开幕式”合作过的品牌包括 Rodarte、Topshop、Pendleton、Maison Martin Margiela 等。许多品牌由于富有创新的理念而为世人熟知，如 Spike Jonze、Terence Koh 和 Chloë Sevigny。2011 年，卡罗尔和温贝托踏上了新的征程，开始担任 KENZO 品牌的创意总监，开启了传奇法国时装屋丰富多彩的新篇章。

个人购物服务

“开幕式”对个人购物项目提供免费服务，顾客可以按照个人需求定制“开幕式”的世界。在“开幕式”专业设计师的指导下，顾客可以探寻新锐的、著名的设计师或极具前瞻的趋势或清新的风格灵感。顾客可以通过电子邮件、电话或访问与“开幕式”预约。

“开幕式”设计师很乐意帮助顾客完成所有项目，包括但不限于：

店内购物

在男装和女装区域，向顾客展示新款服饰并介绍最受喜爱的设计师。

快捷服务

为当日的预约客户在更衣室里配备预选的服装。

特别场合

从婚礼到走红地毯再到正式场合，“开幕式”将确保你脱颖而出。

灵感

发现并集聚顾客的服饰创意。

服装品味升级

“开幕式”将帮助顾客寻找可以改造自己外形的衣服。

完美服饰配套

难以捉摸的，但合适的牛仔裤和鞋子比顾客的梦想更完美。

延长营业时间

顾客不能在正常营业时间购物，“开幕式”能满足客户在开店之前或关店之后购物。

来源：Opening Ceremony 买手店官网，https://openingceremony. us

2.2 国内设计师品牌买手店分析

2.2.1 海外买手店进入中国的波折历程

2000 年 Lane Crawford(连卡佛)选择上海淮海路时代广场作为进入中国的第一站,并放弃其传统买手制而改用特许经营。其店铺实质上为特许专卖店的集合,但由于不能得到消费者认可,最终被其他商家接手。2007 年连卡佛北京第二家店开幕,而 2013 年连卡佛大时代广场店的开幕则昭示着其重返上海滩(图 2-1)。

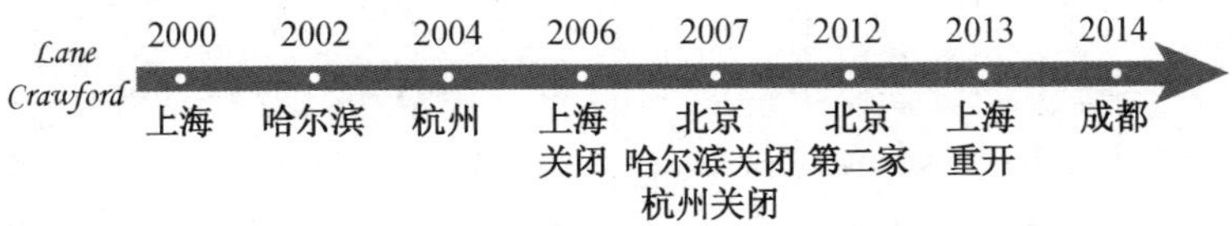

图 2-1　连卡佛在国内市场的发展历程

1997 年 Galeries Lafayette(老佛爷)百货选址入驻北京王府井的一条侧街,由于早期国内政策的限制和市场的不成熟,结果因惨淡经营继而闭店。折载 14 年之后,2011 年老佛爷落户北京西单商业街,选择二度打入中国市场。

JOYCE 贵为奢华零售业的先驱,在时装界屹立 40 余年,以独到的眼光,选取国际级设计师品牌的精粹,呈现于精致而富时代感的店铺内。自 2007 年 JOYCE 进入中国内地,至今已有 8 家门店,扩张势头迅猛。但经过多年的蛰伏,JOYCE 在国内才开始盈利，且处于“增收不增利”的尴尬处境。

纵观买手店进入中国市场之路，市场的不成熟和消费能力的约束让买手店经营面临诸多困境。但中国巨大的消费市场不容小觑，特别是近年来，日臻成熟的消费观使顾客开始偏好低调、个性的商品，逐步从“大众化”的主流奢侈品牌转移到个性鲜明的奢侈品牌。这一趋势与买手经营模式不谋而合，于是，各路商家纷纷将买手店作为进军中国的理想市场，期望大展拳脚。

2.2.2 买手店进军大陆(内地)市场能否如鱼得水?

综观市场，买手店呈现了不尽相同的扩张策略。

港资买手店悉数登场。中国香港与内地地缘的接近使香港零售业对内地投资较早。源于对内地市场的了解，港资买手店 Lane Crawford、I.T、JOYCE、Swank 等相继进入内地市场。经过多年对内地市场的深耕，港资买手店扩张意图强烈。

周边亚洲国家和我国澳台地区买手店处于尝试阶段。我国台湾的团团、我国澳门的 Rainbow Group 等企业颇具实力，但在我国大陆(内地)无论开店数量和规模都处于试水阶段。他们对市场的观望，使得未来扩张计划并不明朗。日本的 Via Bus Stop 也是如此。

欧洲买手店以合作经营方式为主。如：老佛爷选择 I.T 集团；10 Corso Como 选择赫基集团；Maria Luisa 选择品嘉集团等。欧洲买手店主要选择与本土服装企业或品牌集合企业合作经营的方式进入国内市场。这种经营模式能充分利用合作伙伴的本地资源，减少开拓新市场的成本与风险。

美国买手店搁置计划或退出中国市场。Neiman Marcus 以网购方式进入中国仅一年后便退出，Saks Fifth Avenue 和 Macy's 进入中国市场的计划均因各种原因夭折，计划引入的 Barneys New-York 最终也未能实现。在进入中国市场方面，美国买手店的路程缓慢而艰辛。

2.2.3 买手店国内分布信息

国内买手店主要分布在华东、华北、华南地区经济发展水平较高且对品牌有一定认知度的一线、二线城市(图 2-2)。

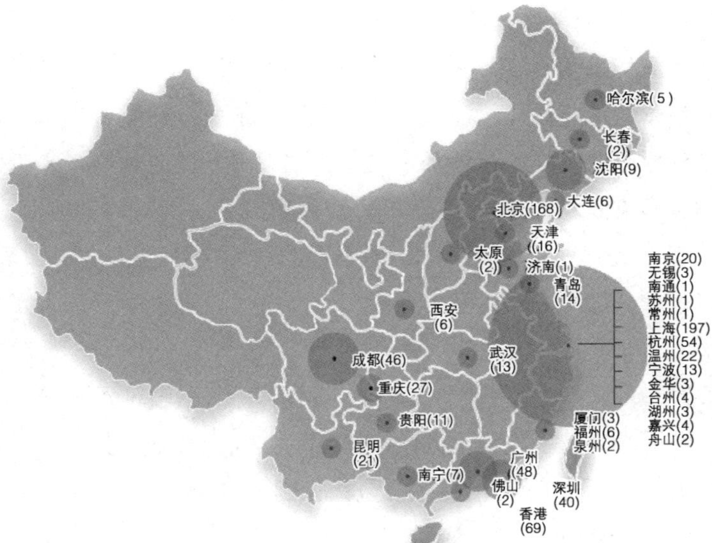

图 2-2 国内买手店的地理分布

自 2010 年以来，服装买手店数量在我国呈上升态势。截至 2017 年 1 月，作为海派时尚的上海，已有 197 家买手店，与北京

(168家)共同成为买手店发展最为蓬勃的地区。其次,香港地区69家、杭州54家、广州48家、成都46家、深圳40家,分列第三至七位。

2.2.3.1　上海:买手店海纳百川

上海是多源文化的集合地,商业资源丰厚。一直以来,上海消费者以海纳百川、勇于尝新而著称,对时尚有着强烈的追求和爱好。据统计上海拥有近百家买手店,位居全国第一。除了海派城市特质,上海拥有众多既有消费实力,又有较高国际品牌认知度的顾客人群。因此,除了买手店,上海也是诸多奢侈品、快时尚等品牌进驻中国的第一站。

2.2.3.2　成都:轻奢品牌市场繁荣

成都是西南物流枢纽,区域内大部分货物均在成都中转,商业经营活跃,商品覆盖西部消费需求,外来货品比重占四成。由于受西南地理位置制约,成都是四川省内及周边省份距离最近的消费品集散地,集聚了西部的高端购物需求。就整体发展而言,成都近期轻奢品牌尚处于培育期,存在市场缺口,但从长远来看,以轻奢品牌为主的买手店在成都市场潜力较奢侈品牌更有发展潜力。

2.2.3.3　广州:买手店"小而专",设计师品牌独领风骚

受区域文化影响,广州顾客实用主义消费倾向明显,不会过分追求国际名牌,价格敏感度较高。因此,广州若干买手店主推独特性和稀缺性较强的设计师品牌,扩张速度缓慢,以满足小众消费群体需求为目标。目前,在广州最典型的设计师买手店一尚门(The Fashion Door),汇集了世界设计名家和新锐设计师品牌,展示着独具匠心、巧思与趣味兼备的创意产品,品类涵盖男女服装、鞋包、配饰、家具等,服饰品以其强烈的个性感拥有着一群较

高忠诚度的顾客。

2.2.4　国内买手店的成长节奏

自1996年上海第一家买手店开业后，国内服装品牌买手店初期开业速度缓慢，而2010年之后，服装品牌买手店在中国迅速崛起(图2-3)。

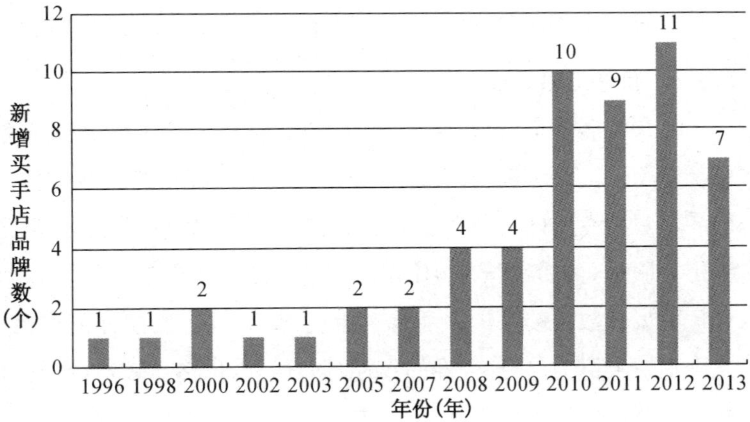

图2-3　买手店中国开店数量

以2010年至2012年为例，也正是奢侈品在中国加速布局的时期。但在一轮跑马圈地后，一些过度张扬、符号化的奢侈品牌对于部分消费群体已经失去吸引力。越来越多的消费者从国际知名品牌的追求转移到个性鲜明的买手店上来，以求独特的专属性。同时需要注意的是，与奢侈品消费不同，买手店较少礼品消费，而更多自用买家，买手店对顾客的鉴赏力有更高要求，同时较少受到海外代购的影响。

在此背景下，近年来国内迎来了买手店品牌数量的激增，在这些品牌中，部分单一买手店的开店数量增加迅猛，尤其是P-PLUS、Attos 等品牌扩张快速。

同时，商业地产供应的大幅激增，产品同质化竞争的困局，也逼迫开发商对于差异化经营和可持续发展有着更高要求。一些购物中心在商业定位中开始引入买手店概念，注重开辟新的消费渠道，有些甚至为买手店打造独特的项目或空间，增加了艺术感和体验感的文化内涵，为买手店扩展提供了良好的商业载体。

2.2.5 价格与时尚度

从买手店的价格与时尚度对比来看，几乎每一类细分市场都已经被覆盖。连卡佛、10 Corso Como、Maria Luisa 等大型买手店倡导尊贵及专属的购物理念，商品价格不菲，同时也为消费者提供定制服务，目标客群为金字塔顶端的富豪人群。

而大多数服装设计师品牌买手店更偏爱新潮、超前的商品，主力消费人群为前卫、个性的年轻时尚达人，价格比较适中，符合新锐消费者的经济承受能力。例如，老佛爷与 I.T 签约合作进入中国后，引进不少价格相对适中的商品，以契合中国市场需求。

而专营国内设计师品牌的买手店，品牌主题个性鲜明，分布于不同市场。如时尚度较高的栋梁、设计感突显的一尚门、追求自然简约风格的 Seven Days 等，每个品牌基于产品的特色拥有独立的顾客群（图 2-4）。

2.2.6 国内买手店经营模式

2.2.6.1 “百货式”买手店

买手店中最传统的经营模式是“纯买手制”，依靠专业个体或团队“买手”前往世界各地搜罗采购符合本地消费者审美习惯和

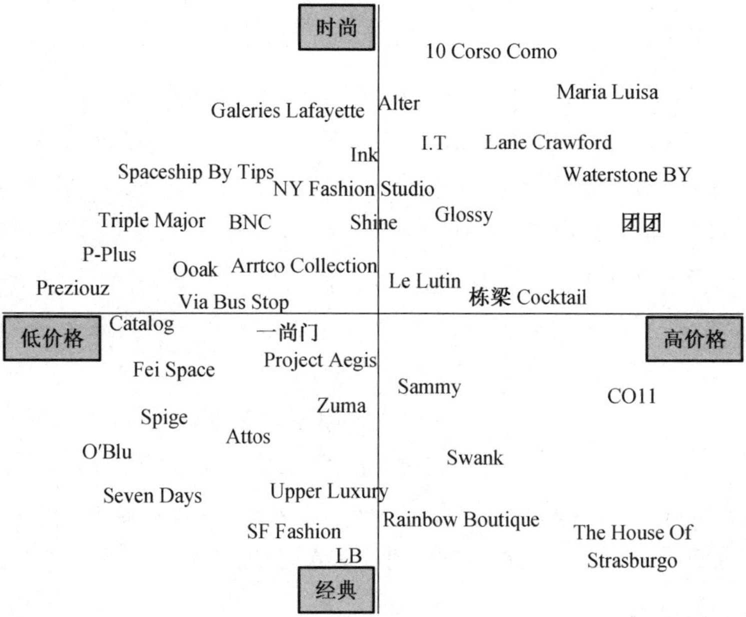

图 2-4 服装设计师品牌买手店的分布

时尚倾向的品牌，独家买断并打造独一无二的商品组合。

连卡佛采取中央买手制，集团旗下拥有近百名专业买手为其在全世界搜寻合适的商品，保证 40%以上的商品在当地店内独家销售。买手对市场的精准洞悉，直接影响了商品的周转率、库存成本和运转灵活度，是企业的核心竞争力。连卡佛采取将买手的收益与商品销售额直接挂钩的激励模式，以确保在提升买手时尚敏感度和商品鉴别能力的同时，规避集团的经营风险。

2.2.6.2 “代理合作式”买手店

不少买手店除了买断品牌商品外，还拥有部分品牌的代理权，通过售卖提成、股权参与、开设合资公司等方式，与品牌建立长期合作关系。

I.T 是最具代表性的“代理式”买手店，它与品牌间的合作多样而灵活。I.T 集团最初以买手制开拓商业渠道，在品牌业务拓展中逐步衍生出代理与合资公司两种模式。I.T 代理的品牌包括 KENZO、French Connection、YSL、Alexander McQueen 等。也有部分品牌授权 I.T 独家代理，并为其制定在中国市场的开拓计划。合资公司是较为深入的合作模式，I.T 与合作方建立各占 50%股权的合资公司，共同开拓市场。

本土买手店 Sammy 专业代理国际高端服饰品牌，已经拥有超过 50 个来自世界各地的时尚品牌代理权，如 D. Exterior、Rivamonti、Marccaim 等。此外，Sammy 与全国高端的购物中心以及百货公司建立了战略合作伙伴关系，近几年在全国多个二、三线城市迅速布局。

2.2.6.3 “寄卖式”买手店

除了以上两种主营国际品牌商品的买手店之外，目前国内有一类新兴买手店的“寄卖式”经营模式正在快速兴起。这种方式是买手店与国内尚未成名的设计师合作，替对方售卖当季最新作品。买手店在商品销售后获得一定分成，季末滞销的货品会退还给设计师。这种合作模式可降低买手店销售和库存的风险，同时也保证了商品的原创性和唯一性。

2.2.6.4 “专品”买手店

目前，国内市场上还出现了若干以单品类为主的专业买手店，店铺面积通常不大，主力产品价格亲民，可快速复制发展。如 SF Fashion、BLK、Spige 和 P-PLUS 等，以鞋类和配饰为主打商品，深受目标顾客青睐。

值得一提的是，鞋类买手店 On Pedder 与连卡佛及 JOYCE 属同一集团，代理高端设计师品牌的鞋履和配饰，所有国内店铺均开在 JOYCE 品牌集合店内，同时为连卡佛供货。

眼镜类买手店 Coterie 是首个将诸多欧美及日本时尚眼镜引入国内的潮牌眼镜店，主营装饰眼镜，符合年轻一代的审美情趣，以新鲜的视野、个性的品位引领着眼镜业潮流。

珠宝类买手店 OOAK 成立于 2012 年，是上海第一家主打欧美独立设计师首饰的买手店，引进了 Alex Monroe 等近 30 个欧洲首饰品牌，大部分品牌首次进入我国。此外，OOAK 也提供设计师品牌服装、配饰和附带展览功能。

2.3 买手店的中外区别

通过前面章节的中外买手店描述，其中论及的国外标杆买手店，如巴黎的 Colette、米兰的 10 Corso Como、伦敦的 Dover Street Market 等，其实并非是海外传统意义上的买手店，也并非是有着很高参考价值的店铺。

这几家店铺名气太大，虽独居一隅，却影响了全球市场，世界各地的游客都会去那里消费。品牌也乐意与这些店铺进行跨界合作，比如 Chanel 在 Colette 独家首发帆布双肩背包；Gucci 与

Dover Street Market 开展全球合作，在东京、纽约、伦敦和北京四个城市推出新创意总监的 Alessandro Michele 2015 秋冬系列和 2016 早春系列。

如果查阅一下意大利买手协会的 111 家买手店会员，10 Corso Como 并不在其列，而里面大概只有一家 LUISAVIAROMA(LVR)为少数时尚爱好者熟知，原因是 LVR 的跨国电商经营风生水起。但事实上意大利这些优秀的买手店大多经营了数十年，他们深耕本地市场，而这或许更具借鉴意义。

这一点也可以从国外买手店进入中国市场的种种水土不服案例得以证明，如何能够做到满足本地市场需求是创业者需要仔细规划和分析的。

2.4 怎样开一家设计师品牌买手店

买手店是以买手为核心的店铺，经营的货品一定会蕴含买手本身的喜好。根据国内外买手店的分析，除去大型连锁买手店，一般的小型买手店大致可以分为两种类型：一类是店主属于时尚潮流领导者，能将自己的个人风格引导给顾客，这类店铺相对比较小众，需要挖掘当地利基市场和资源；另一类店主主要根据市场需求进行货品采买，这类店铺面向的市场较宽，同时竞争也比较激烈。

买手的个人喜好如同个体性格一样较难改变，所以确定自己的喜好是最重要的。接下来可以使用 SWOT 分析法(Strengths Weaknesses Opportunities Threats,态势分析法),通过对创业者所具备的优势和劣势以及外部的机遇或威胁进行解析,确定自己适合开一家怎样的买手店。

一般来说,开买手店首先需要考虑的是货源与选址,如果有好的选址往往已经成功了一半。货源方面,随着越来越多的设计师品牌开始理解并接受买手店,买手店与设计师品牌的合作也成为可能。

资金当然是开店最不可或缺的要素,此外买手店还需要调动各种其他资源,比如媒体推广、自媒体营销能力、店铺营运能力等,这些都需要创业者综合考量和周密计划。

◆小案例　买手店在中国要成功的注意要点

近年来,全国各地想开买手店的越来越多,但中国市场的快速变化也需要能审时度势积极应对,否则等一年半载把店开出来了却发现世道变了。

比如被老外称为中国"新四大发明"的高铁、网购、移动支付和共享单车确实正在改变我们的生活方式,复兴号高铁让上海与北京的距离缩短到四个半小时,比起飞机更是准时了许多,共享单车解决了最后一公里问题,我甚至在新加坡都尝试了一下摩拜。还记得移动支付不普及的日子,也就四五年前,有一次去沈阳出差,晚上想看刘老根大舞台表演,带了张信用卡和 400 块钱就出发了。结果门票不能刷卡,最便宜的 395 元,买好票现金只剩 5 元,找饭店吃饭甚至连肯德基也不能刷卡，最后饿着肚皮看完宋小宝表演坐地铁回酒店，兜里还有一块钱。现在国内出差，只要带身份证和手机就够了，现金和银行卡都已经不需要，别说钱包生产商快没订单了，连小偷也快失业了。最近的几次网购体验也令我惊讶，一次是晚上11点在网上买了苹果手机电池替换服务，没过5分钟就接到客服电话确认上门时间和地点，再一次也是晚上10点多为家人预定一个一日旅游团，下单10分钟就接到旅行社确认电话。这种体验背后需要强大的技术支持，也需要大量的人员配备。再比如现在去旅行住五星级酒店，但吃饭却是叫外卖，一方面各平台的补贴确实惊人，常常买个30多元外卖就立减20元，另一方面只要想得到的吃的都可以外卖。以上的诸多种种，造成的后果就是去一个地方很容易，但逛街却变的太有目的性，没有了好奇感和惊喜。

生活方式的改变自然会改变我们买衣服的方式，就我自己来说上次啥时候专门去逛街买衣服已经不记得了，到是去外地或国外旅行的时候会多点时间逛逛试试和买买，而上海的店铺对我来说就好像是Showroom（品牌陈列室或品牌展示室），就比如家乐福就在我家对过，但是已经习惯了网上超市购物。买手店作为引领时尚潮流的服装零售场所也务必有前瞻眼光才能够继续走在时尚前沿。

首先来说是城市的商业发展程度，我最近去了一次崇明的度假酒店，距离酒店最近的电影院要20千米，全岛只有2家，岛上星巴克只有一家，距离30千米，可以说崇明的商业几乎为零。相比较苏州的金鸡湖畔则真的是上海后花园，新落成的苏州中心和久光、诚品、新光一侧商业繁华程度绝对达到一流水准，但坦率说对于设计师品牌的需求还有一段距离，无论是本地居民还是游客目前能接受的还是大众或稍有一些设计感的服装，当然对品质的要求在不断提高，滥竽充数已经很难让消费者买账。在上海，城市各区域的大量高标准的Shopping mall（购物中心）开业使得大量国内上市或大型服装企业的品牌可以进驻，从而填补了国外品牌难招商的窘境。另一方面，设计师品牌或集合店也开始得到市中心的购物中心青睐，南京西路的兴业太古汇就开设了多家独立设计师专卖店和买手集合店，这在过去许多年只存在于新天地时尚。北京也出现了同样现象，曾经都扎堆在三里屯太古里、老佛爷百货，现在朝阳大悦城也招募了多家设计师品牌和买手集合店，还邀请更多设计师和集合店来开设POPUP（快闪店）。不过就算北京和上海这样的宇宙级大城市其实也就只有少量的场所能容纳设计师品牌，就更不用谈其他二三四线城市了。因此选址依然是重中之重，一方面务必是人流集中的区域，另一方面需要预估新城或重量级商业综合体建成对人流的影响，现在中国造Shopping mall的能力世界一流，对于原先的老商业设施绝对是秒杀。这在国外是很难想象的，即便是中国香港和台北，有多少年没有新商场开业了？所以就好像日本深夜食堂拍的这种小饭店，在中国是肯定没生意的。

按照营销学经典的4P理论，上面提到的是Place（地点），剩下3个P为Product（产品）、Price（价格）和Promotion（促销）现在感觉越来越融为一体，能够与明星沾上边的产品在中国大地和网络上可以得到最广泛的传播，只要产品不差、价格合适就很容易成为爆品。当然明星推出品牌要成功也不容易，毕竟这与演艺事业是两码事，维多利亚·贝克汉姆的牌子也是常年靠老公输血，最近才完成了一次像样的融资。买手店需要寻找有话题性的、价格合适的、有性价比的产品，这些是真正能做起生意来的，太小众或太与众不同的只能作为点缀，当然一定的稀缺性也是需要的，但绝不可曲高和寡。

因为最重要的是对消费者的把握，为什么要买设计师品牌？希望表现自己的品味与个性，能在自己所在的群体中令人印象深刻，而不是让人看不懂。对于自己所在区域消费群体的深入洞察是十分必要的，而不仅仅了解巴黎在流行什么，Ins（Instagram，移动社交应用）上流行什么，要做到这一点非常困难，特别是对于那些怀揣时尚梦的年轻人。Copy（拷贝）不走样是行不通的，走中国特色的买手店道路势在必行。

3

如何实施开店计划

3.1 开店计划的制定

3.1.1 开店的启动准备

3.1.1.1 与合伙人达成全面共识

首先,需要对自身条件有清晰、客观和全面的认识。开店是否是自己喜欢做的事?开店的决定是否得到了家人和朋友的支持?是否有足够的资金支持开店的计划?对所要售卖的商品是否熟悉?对所要经营的领域是否有优势?诸如此类的问题,在决定开店前都是需要考虑的。

其次,如果不是单打独斗,那么还必须与合伙人之间取得共识。就内部因素而言,需要就店铺的战略目标和核心竞争力达成一致,就外部因素而言需要对同类市场的环境达成共识,此外合伙人之间的价值观、应对困境时的态度和表现也是需要思考的内容(表 3-1)。

表 3-1 买手店合伙人需取得共识的内容

分　类	取得共识的内容
内部因素	① 确定买手店的战略目标及核心竞争力 ② 构成核心竞争力的因素有哪些 ③ 核心竞争力是否有助于战略目标的达成 ④ 为了达成战略目标,需要培养哪些方面的能力 ⑤ 对买手店的业务运行模式有何要求
外部因素	① 外在竞争市场环境的现状如何 ② 目标顾客的定位与需求 ③ 与竞争对手相比,如何加快市场反应速度 ④ 与竞争对手相比,如何提高顾客满意度
合伙人之间	① 合伙人之间的价值观体系是否一致 ② 合伙人在应对负担和风险时的态度和表现是否一致

来源:李国良. 流程制胜[M]. 北京:中国发展出版社,2005.

3.1.1.2 成立开店筹备工作小组

为了顺利推进开店进程,通常需要成立一个正式的筹备工作小组,负责对开店筹备过程中的各项事宜进行决策和协调。

筹备工作小组首先需要确定一名负责人,负责开店筹备过程的总体策划;其次需要确立多名执行人,负责筹资、选址、装潢、买货、陈列、推广等各个具体环节的工作。此外,还可以考虑引进外部的咨询顾问。外部咨询顾问可以为工作小组提供技术性的建议,并以新的思维模式帮助筹备工作小组找出问题的本质与盲点,从而解决可能遇到的各种难题。

3.1.2 开店计划书的制定

一份好的开店计划书不仅是店铺内部加强管理的依据,而且也是店铺对外宣传推广的工具。计划的具体作用:帮助经营者明确经营理念、把握整体思路;协助经营者有效管理店铺筹备过程中的各项运作项目;有助于经营者更好地对外进行宣传和推广,如寻求战略性合作伙伴和签订订货合同、寻求风险投资、吸引优秀管理人员以及获得银行贷款等。

开店计划书中需要考虑的内容一般包括以下几个方面:

a. 消费者对店家的需求,包括商品、服务等。

b. 资金。包括店面设计费用、初期进货成本等创业所需资金,也包括周转金。

c. 店铺选址和面积、店内商品的陈列计划。

d. 有关供应商等商品和流通信息。

e. 员工人数和招聘要求。

虽然在实际的筹备过程中,可能面临的不确定因素有很多,但如果一开始就毫无计划，那么势必会增加店铺管理的难度。在筹备阶段经过一番评估后，如果发现某项经营资源存在不足，那么在开业前进行完善必然是更好的选择。

3.1.2.1 识别目标客户和市场

首先需要确定的是目标客户。表 3-2 是目标客户分析的主要内容。

表 3-2 目标客户分析(示例)

分类	主要内容
年龄	童装：婴儿装(0～3 岁)、小童装(4～10 岁)、大童装(11～14 岁) 女装：少女装(15～24 岁)、熟女装(25～50 岁)、中老年装(50 岁以上)
性别	童装、男装、女装或男女装皆有
职业	白领、大学生、高端顾客、演艺人员、艺术工作者等
消费习性	购物渠道、购物频率、购物模式、日常业余爱好等

来源：根据冷芸. 时装买手使用手册[M]. 北京：中国纺织出版社，2014. 整理

在确定目标客户后，接着需要分析目标客户所在的市场环境。首先寻找本店与其他同业者的异同点，共同点将帮助店铺更好地掌握目标市场的总体性质和特征，不同点则能使运营者发掘买手店的卖点，从而更有效地组织销售活动及盈利。

需要注意的是市场并非一成不变，政治、经济、文化等因素都会影响市场变化，从而引发市场对产品的需求。及时敏锐地把握市场趋势，并立即采取行动将会使店铺在短期内收到立竿见影的效果；反之如果某件商品在市面上的需求已经开始衰退而经营者却没有意识到，则会不可避免地产生库存损失。

此外，在日益发展的当代经济社会，不断被开发和引诱出来的顾客需求又总是能不断地被提供这种需求的店铺所满足。而且，这种需求一经创造出来又立即被细分化或差别化。随着消费

市场个性化的趋势日益强烈，不少买手店已经开始从跟随市场需求向创造市场需求转变。

3.1.2.2 确立标杆买手店

确立标杆买手店可以帮助经营者分析竞争对手的优劣势及产生的原因，并从中找出对自身具有借鉴性作用的经验。在店铺筹备和运营过程中，可以有针对性地关注和学习标杆买手店的若干卓越管理方式，既可以为店铺在制定管理制度时提供借鉴，还可以作为店铺努力的方向和目标。

一般来说，标杆店铺数据和案例可以通过以下途径得到：

a. 通过各种公开报道，如公司年报、公司宣传手册、企业管理类书籍和杂志等。

b. 充分利用标杆买手店的供应商或客户渠道资源。如果与目标买手店有相同的供应商或客户，可以从这一方面入手搜集所需资料。

c. 灵活选择咨询顾问。咨询顾问接触的同类企业较多，积累了丰富的经验和案例，从咨询顾问处获得所需资料也是值得考虑的途径之一。

3.1.2.3 成本和收益估算

开店之前，需要筹备一定数量的开业准备金作为店铺运作的经济基础。开业准备金一般包括店铺租赁金、装修准备金和货品购置费三部分，每项约占总开业准备金的三分之一。

◆小知识　　根据开业准备金确定店铺月租金上限

假设小微型买手店的开业准备金为 40 万元，按店铺租赁金占开业准备金的三分之一计算，用于店铺租赁的费用约为13.33万元。一般来说，租赁店铺需要交纳2个月租金和2个月押金，因此店铺月租金上限约为3.33万元。

此外，由于新店一般要经过6～8个月才能获得收益，因此在这期间需要准备一定的资金以应对预期会产生的负现金流量。其中，店铺管理费用主要包括固定费用和变动费用两部分（表3-3），固定费用与营业额的增减无关，变动费用则会随营业额的增减发生变化。

表3-3 店铺管理费用分类

分　类		具体费用
固定费用	人员费用	如薪资、津贴、加班费、退职准备金、员工福利费等
	设备费用	如装潢费、设备折旧费、保险费、租金等
	维持费用	如水电费、事务费、杂项费等
变动费用		包括维修费、广告宣传费、包装费、盘损、营业税等

来源：林望道.从零开始学开店[M].上海：立信会计出版社，2014.

销售人员配置数量与店铺面积间的比例关系可参考表3-4。

表3-4 销售人员配置与店铺面积关系

店铺面积(平方米)	销售人员配置(人)
50～84	2
85～117	3
118～150	4

对店铺收益情况的估算，一般包括损益平衡点和投资效率两方面数据的计算。以投资总金额170万元，每月经营费用30万元，每月总营业额155万元，毛利率25%，进行案例店铺收益分析。

A. 损益平衡点

营业额的损益平衡点＝经营费用÷毛利率

＝30÷25％＝120万元

平衡点率＝营业额的损益平衡点÷总营业额×100％

＝120÷155×100％＝77.4％

经营安全率＝100％－平衡点率

＝100％－77.4％＝22.6％

损益平衡点的测度标准见表3-5。经营者可根据这一标准，测定店铺经营状况。根据这一标准，案例店铺属于良店，在经营过程中通过努力还可进一步提高收益。

表3-5 损益平衡点的计量标准

店铺等级	平衡点率范围(％)	经营安全率范围(％)
优店	＜75	＞25
良店	75～80	20～25
普通店	80～85	15～20
差强人意店	85～90	10～15
危险店	90～91	9～10

B. 投资效率

毛利额＝营业额×毛利率＝155万元×25％

＝38.75万元/月

税前净利润＝毛利额－经营费用

＝38.75万元－30万元

＝8.75万元/月

税前净利率＝税前净利润÷总营业额

＝8.75万元÷155万元×100％＝5.65％

投资报酬率＝（税前净利润×12个月）÷投资总金额×100％
＝（8.75万元×12个月）÷170万元×100％
＝61.76％

3.1.2.4 确定绩效指标

设定量化绩效指标，可以有目的地收集店铺各项运作数据，结合科学的分析方法和市场预测找出绩效数据规律，进行标杆买手店比对，判断店铺终端销售存在的问题，从而选择方向性的整改和提升。

A. 营业目标

营业目标可依据地点、人流量、年龄层、群聚性、商圈、楼层等多方面进行评估，再根据实际使用面积调整。

一般来说，小微型买手店月营业目标约为月租金的5倍。如月租金为3万元，则年营业目标应为3万元×5×12个月＝180万元。由于春夏季的商品平均单价低于秋冬季，因此春夏季的营业目标占比为45％，秋冬季的营业目标占比为55％，即春夏季营业目标为180万元×0.45＝81万元，秋冬季营业目标为180万元×0.55＝99万元。

B. 平效

平效主要用于分析店铺单位面积的有效产出。了解店铺销售的真实情况，是衡量店铺选址及店铺规模的重要指标。平效数值高说明店铺单位面积有效产出好，反之则说明店铺经营业绩差。

平效＝营业额÷营业面积

单位面积商品过多会造成陈列杂乱，商品过少则会造成店铺单位面积利用率不高，造成销售机会损失。可见店铺商品陈列或铺货需要适时适量。店铺面积与铺货数量的示例见表 3-6。

表 3-6　店铺面积与铺货数量关系

店铺面积(平方米)	铺货数量(件)	备　注
50～84	75～120	对于买手店而言，长度为 120 厘米的龙门架平均悬挂 15 件服装
85～117	135～180	
118～150	195～240	

C. 售罄率

售罄率指一定周期内销售额占进货额的百分率，反映了商品的销售速度。售罄率可以按金额或数量进行计算，还可以按品牌或品类等分类统计。

$$售罄率 = 总销售额 \div 总进货额 \times 100\%$$

售罄率小于 65%，说明库存大量积压或大量打折导致亏损；售罄率大于 85%，说明进货量不足，出现脱销(机会损失)，销售利润未能达到最大化。

D. 进销比

$$进销比 = 总进货额 \div 总销售额 \times 100\%$$

进销比与售罄率同样，都是反映某段时间内商品进货与销售的比例。所不同的是进销比以销售为参照，考核进货规模，即分析“进的货是不是多了”，而售罄率则以进货为参照，考核对所采购商品的控制和销售能力，即分析“进的货是不是卖出去了”。

理论上，进销比等于 1 最为理想，实际店铺中还必须考虑到库存量的大小。如果库存量较多，那么进销比要适当小于 1 较为理想；如果库存量较少，那么进销比大于1则较为合理。

E. 存销比

存销比是为了评估现有库存会在多少时间内销售完毕，也是评判库存合理性的重要指标之一。

存销比 = 存货总量 ÷ 平均每月销售量

存销比衡量标准见表3-7。一般来说，月存销比在3～5属于正常范围。

表3-7 存销比衡量标准

月存销比	0～3	3～4	4～5	>5
评价结果	缺货 /机会损失	优秀	良好	库存过剩 /资金流动不畅

3.1.2.5 引进信息化管理软件和工具

当今零售市场已经进入信息化时代，基于现代管理理念、信息技术和专业设备的信息化支撑已成为了店铺运营盈利的重要保障。

信息化管理软件能及时提供财务预测和效益分析，包括投资概算、经济效益测算、利润计算、盈亏平衡点分析、销售业绩敏感性分析等财务评价。用现金流量表、投资利润率表、现金净值表等方式对数据进行挖掘和提炼，能为买手店经营者提供准确的决策依据。

通过计算机效益分析和构建实时营销网络，能够有效地实现内部物流和信息流畅通，节约时间成本，实现快速配货、调度、资金结算、信息反馈和制定对策。

此外，数字化管理的技术手段还有利于对各级人员充分授权，通过扁平化、网络化，充分实现信息服务与共享。

常见的计算机网络管理软件见表 3-8，信息管理的主要手段见表 3-9。

表 3-8 计算机网络管理软件

管理软件	管理目标	管理效果
ERP（企业资源计划）	实现企业的全面量化管理	全面管理销售、采购、库存、生产、设备、人力资源、财务，使其成为一个有机的整体，达到实时监控企业运营的目的
POS 系统	实现销售终端信息管理	准确及时地反馈销售信息
MRP（物料需求计划）	依据订单计算制定物料需求计划，减少库存	适时地确定订货时间、品种、数量
MIS（管理信息系统）	记录业务数据，便于查询和汇总	缩短各种业务报表的统计时间，动态记账
CRM（客户关系管理）	协调与客户在销售、营销和服务上的交互活动	为顾客提供创新的个性化互动和服务，以达到吸引新客户，维护现有客户并提高顾客忠诚度的目的

表 3-9 信息管理的主要手段

管理手段	原理	作用
条形码技术	将计算机和数据库用通讯手段联系起来，把数据库中积累的大量信息通过计算机进行准确而快速处理，并在第一时间传递给用户	实现信息的可追溯性和信息流的快速传递，可避免由于人为的差错造成的经济损失和管理混乱，提高工作效率和管理水平
EDI（电子数据交换）	基于计算机应用、通信网络和电子数据处理的电子商务方式和技术	实现将传统的纸质文件电子化，能起到缩短产品循环周期、改善库存、增进客户服务的效果

（续表）

管理手段	原　　理	作　　用
RFID（射频识别）	可通过无线电讯号识别特定目标并读写相关数据，无需识别系统与目标物之间的机械或光学接触	RFID电子标签跟随产品生命周期传递，可用于储存与产品相关信息，为店铺销售、防盗、商品查找、VIP顾客管理等提供便利
二维条码/二维码	用某种特定的几何图形按一定规律在平面（二维方向上）分布的黑白相间图形记录数据符号信息；具有条码技术的若干共性；同时还具有对不同信息的自动识别功能及处理图形旋转变化的功能	信息获取、网站跳转、广告推送（视频、音频）、手机电商（购物下单）、防伪溯源（查看生产地和最终消费地）、优惠促销（优惠券、抽奖）、会员管理（会员信息、VIP服务）、手机支付（通过银行或第三方提供支付）

目前，适应于不同店铺规模的信息化管理软件和手段层出不穷，并且操作界面日趋人性化，运行的平台也从电脑端向移动端转移。即使对处于开业初期规模相对较小的买手店，也能找到适合的信息化管理软件和手段。

◆小案例　　服装店铺的O2O解决方案

目前，电子商务发展迅速，服装品牌面临转型升级，纷纷触“网”。O2O(Online to Offline，是指将线下的商务机会与互联网结合，让互联网成为线下交易的前台)模式为服装品牌带来机遇与挑战。唯品会、天猫、一号店等电商平台成为品牌商消化库存的快捷便利渠道。品牌实体店由于缺色、缺码、产品线不全等原因造成零售业绩的流失，部分商品的动销率较低。经销商的库存压力增加，资金无法良性运转，直接影响新款产品的订货金额及数量。

“邻家女孩”线上支付

“邻家女孩”成立于1995年，是一家快时尚女装品牌公司，目前已拥有600多家终端门店，遍布全国100多个城市。其以“快速、流行、少量、多款”的快时尚模式得到都市女孩的喜爱。2008年以后，电商迅速发展，传统零售渠道受到巨大的冲击。如何将线下实体店的数百万用户转移到线上，对数据进行分析和二次利用开发，成了“邻家女孩”实现O2O的关键。为寻求电子商务的转型升级，“邻家女孩”在支付方式上勇于创新，引进伯俊圆周率软件，开通支付宝支付通道，成功入驻支付宝服务窗，掀起线下扫码支付风暴。

2015年，“邻家女孩”600多家实体店，已统一线上移动支付，从此摆脱找零和排队困扰。扫码支付提高了成交的可能性，在一定程度上加快了邻家女孩的发展步伐。此外通过支付宝支付获取的实名数据，成为精准营销的依据，通过分析会员偏好，不定时推送卡券，拉近品牌与会员的粘性。

消费者主权时代，移动支付作为“邻家女孩”非常关键的差异化竞争利器，既实现客户引流，又增加与顾客的互动，最终也实现提升销售业绩的目的。“邻家女孩”通过移动支付打造移动端的消费闭环，实现O2O布局。随着众多服装品牌的触网，发展线上零售渠道成为未来发展趋势，买手店也不例外。线上买手集合店的发展将拉近买手与时尚的距离，实现线上线下的无缝连接。

“犁人坊”的O2O布局

犁人创意(广州)服饰设计有限公司成立于1999年，是一家从事中高档品牌女装研发、生产、销售的服饰集团公司。目前公司在全国拥有400余家门店，旗下设立经营知名品牌“犁人坊”“纤度”“BLACKOUT”“COZMODE”和“生活馆”，进行多品牌、专业化、集团化发展。公司每年向市场推出2 000余款新装，赢得消费者的追捧和信赖，树立了良好的品牌口碑，成为独具风格的品牌女装企业之一。

随着公司业务的发展，为了适应新技术以及市场发展的需求，“犁人坊”牵手伯俊软件公司，以O2O为整体规划来推动品牌的业务发展和业务模式的变化。

“犁人坊”选用伯俊电商wing2.0解决方案、星云平台等多个系列产品，提升管理水平，整合线上线下。借助全网营销管理平台——电商wing2.0，整合各渠道的订单，对接官网、商城、移动端等各种商业业态；通过星云平台，布局移动端，打造方便快捷购物体验，实现购物闭环，深度探索O2O模式，打造企业利润增长新模式，实现企业发展新突破。由此可见，发展线上渠道的基础是建立信息化平台，买手店的电商发展关键在于提高买手的消费体验，提供独特的线上服务，避免线上线下的渠道冲突。

买手店的O2O分布规划

企业探索O2O信息化建设框架如图3-1所示。

服装企业运用O2O模式，实现品牌盈利离不开信息化建设，需要与移动平台、wing2.0、分销系统、POS系统等软件相结合，一定程度上可以助推企业O2O方案的落地，通过整合各渠道商品、订单、库存、会员等信息，实现网店、实体店一体化运营，精准库存避免缺货。

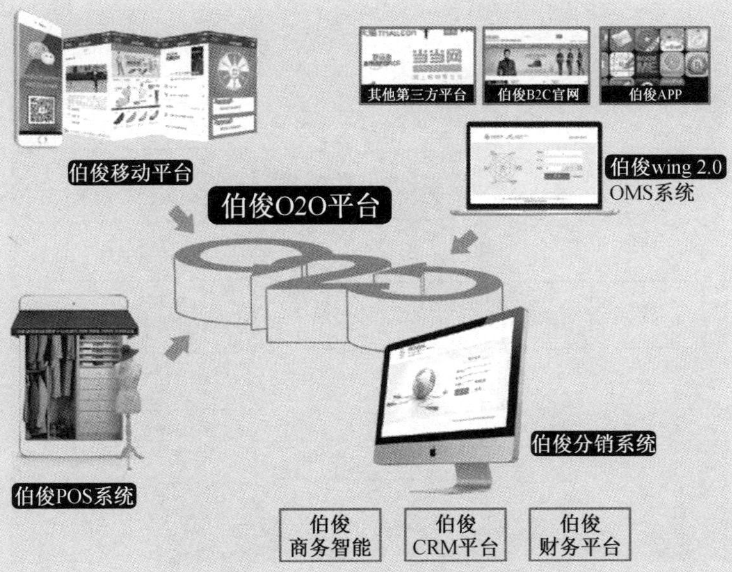

图 3-1　O2O 信息化建设

组织架构调整

要实现 O2O，首先需要打破电商与线下实体店分属独立部门管理的组织架构，整合线上线下销售渠道，成立 O2O 协调部门，负责商品信息的线下、PC、移动 3 个平台共享(图 3-2)。

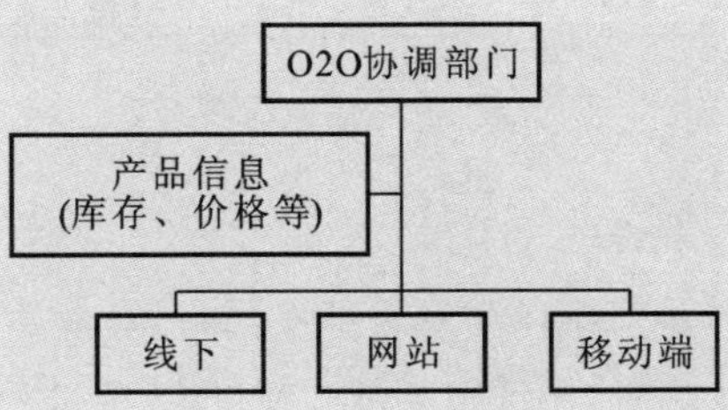

图 3-2　O2O 组织架构

线上线下渠道整合

改变线上与实体店分离的局面，实现线上线下商品、资金流、信息流的整合（图 3-3）。

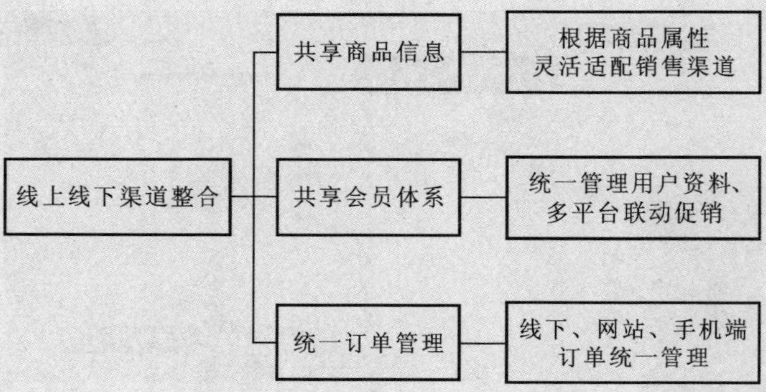

图 3-3　线上线下渠道整合

物流体系变革

改变线上线下商品库存体系处于割裂的局面，实现线下、PC、移动统一管理库存与物流，节省运营成本，提高工作效率（图 3-4）。

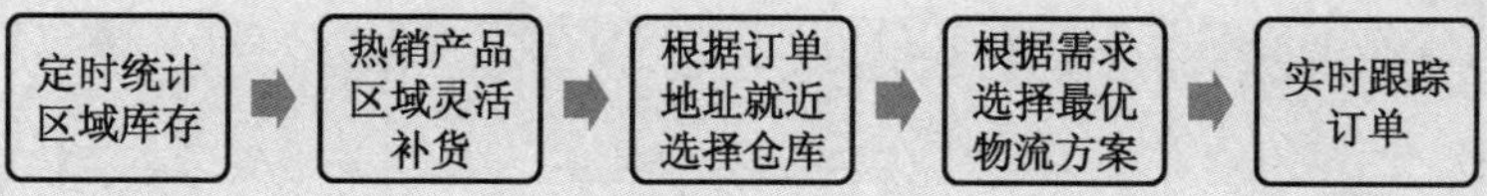

图 3-4　物流体系改革示意

店铺运营准备

关键要做好终端门店导购培训，让基层员工建立 O2O 意识，熟悉 O2O 流程，提供相应的激励措施，确保 O2O 在一线的落地执行。

3.1.2.6 树立风险管理意识

风险管理(Risk Management)也是计划书的重要内容,风险管理的意识应贯穿于整个店铺筹备和运营过程。风险管理包括风险识别、风险分析、风险对策和风险控制四个环节(图 3-5)。

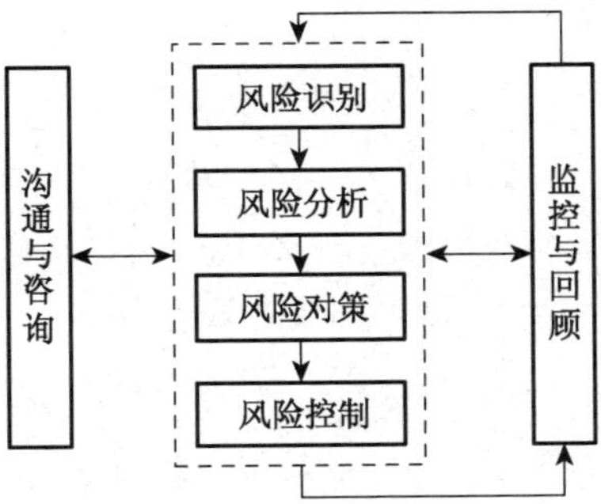

图 3-5　风险管理模型

风险识别是风险管理的基础,一方面可以通过感性认识和经验进行判断,另一方面可以通过对历史数据和资料分析、归纳以及咨询专家等方法确定。风险分析的目的是为了判断风险可能造成的损失,以及损失是否在可接受的范围内。最后可针对性的提出应对风险的对策和管控方法。

比如,在买手店筹备过程中难免会有意想不到的开支,资金风险是比较常见的风险之一。因此,在制定开店资金计划时,可预先准备一部分意外损失基金,一般占所需总资金的15%~20%。如果业务经营差于预期,则意外损失基金越少,破产的风险越大。另外,如果意外损失基金太多,那么该企业就会有过多的资金被闲置起来,资金效率会下降,同样也不利于新店的发展。

◆**小案例**　　　**新店开业，务求有备无患**

A先生与两位合伙人共同创立的高级商务男装品牌店，经营不到半年时间便不得不关闭。总结失败的经验教训，A先生认为前期缺少资金风险管理意识和预算规划是最主要的原因。

高级商务男装品牌由A先生负责产品的设计工作，其他两位合伙人负责寻找合适的加工厂和店铺。由于A先生原是供职于某大型男装集团的设计总监，他的两位合伙人之前也都是该集团的高级管理层，多年的服装行业从业经历，使他们拥有着丰富的经验、人脉关系以及诸多行业资源。三位合伙人最初共同筹措1 000万元用于男装品牌店的经营所需，认为并不存在资金上的困难。然而，由于对商务男装消费市场的预估偏差，过高的定价使得店铺开创初期所售产品鲜有人问津，开业后的销售情况并不理想。开业半年后由于货品积压，资金周转出现困难，无法继续维持经营而导致这一创业项目最终夭折。

可见，若要成功开设和经营一家品牌服装店，从最初就需要树立风险管理意识，做好资金预算和规划，并在此基础上尽可能准备一份完善的开店计划，做到有备无患。

3.2 买手店选址与设计

3.2.1　店铺选址

选址对开店者而言，重要性不言而喻，有人甚至认为零售业就是"位置、位置、再位置"。零售经营者可以随时改变品牌商品组合、服务内容、促销手段等营销组合要素，但店铺的位置一经确定将很难改变。

3.2.1.1 买手店选址现状

首先，作为一名开店者需要对全国买手店的地区分布有所了解。正如本书第二章所述，中国内地的买手店主要分布在华东、华北、华南等区域经济发展水平较高，且对服装品牌有一定认知度的一线、二线城市。但同时，伴随着经验丰富、财力雄厚的连卡佛、I. T、Shine 等连锁买手店争先涌入二、三线城市以及一些后起之秀紧跟商业地产的建设开始进驻二、三线城市的零售市场，买手店的地域分布也开始逐步拓展到二、三线城市。部分城市买手店数量及分布情况见表 3-10。

表 3-10 城市买手店分布(部分，截至 2017 年 1 月)

省份	城市	数量	代表商区	代表性店铺
上海	上海	197	田子坊、长乐路、新天地	栋梁、凹凸、wolee、OOAK、LEMON
四川	成都	46	上东大街、大华街	so what、D&S
广东	广州	48	花城汇	The Fashion Door
	深圳	40	福田区	Chen ai
北京	北京	168	三里屯	BNC、WaterStone(水石)、Huge Wave
安徽	合肥	5	庐阳区	313 CLOTHING STUDIO
江苏	南京	20	金轮新天地广场	金鹰商贸、yoho、Round Round
	苏州	1	新湖明珠城	SAFULAI
浙江	杭州	54	西湖大道	BQ、Of this Moment
	温州	22	鹿城区	MEERZERS、su room
	宁波	13	万达广场、和义大道	T9 糖梨菱角、Moimoins

（续表）

省份	城市	数量	代表商区	代表性店铺
浙江	嘉兴	4	华云路	Graceland、Lori
	舟山	2	定海区人民南路、总府路	Wendyz、英伦站
	金华	3	亚峰路	帝玛国际
重庆	重庆	27	环球金融中心	LCS
云南	昆明	21	五华区	CE
山东	青岛	14	福州北路	Momentarie、Dozem Designer Club
	济南	1	历下区	Furlong
贵州	贵阳	11	富水中路、恒丰步行街	ShowRoom·秀、More
台湾	—	32	大安区、慈音街	Cocoon、Garden girl

来源：根据 DFO 资料整理

从现有买手店的地区分布中可以发现买手店址的选择具有一定的区位规律。对海派时尚城市——上海而言，买手店较少进驻高档商场或是著名商业街，多选择文化历史气息较浓的街道或社区，像巨鹿路、富民路与长乐路这些时而静谧、时而喧闹、多元复杂的街道往往是买手店的主选。对于二、三线城市经营者则多将店址选在成熟的商业中心或商业氛围较浓厚的区域。通过采访品牌买手后了解到，这一现象的出现与当地的购物环境、氛围以及消费者的购物习惯密切相关。上海是一座拥有无限创意的城市，海纳百川的特性使得多种文化得以共存。古老的街道承载时代变迁的同时积淀了历史与人文情怀，消费者们愿意花时间在街道上寻觅宝藏，再小的角落，只要拥有个性与创意，都会被消费者挖掘与传播。而在二、三线城市中，消费者多选择在大型商场或购物中心购物，顾客的消费行为决定了买手店选址。

3.2.1.2 品牌定位分析

在进行品牌店址选取之前，经营者需进行引进的设计师品牌定位分析。主要包含商品风格及目标消费群定位、价格定位、O2O 三部分，务必确保最终选址与品牌定位相匹配。

商品风格及目标消费群定位。例如，位于上海徐汇区安福路的一家买手店，店址的选择不仅因其安静的氛围，更多考虑吸引附近中高档社区有修养、个性、购买力强的优质消费群。店铺商品配套齐全，除服饰类商品外，还配置部分进口食品，属于社区店铺，目标消费者较年轻，服饰商品性价高。

价格定位。倘若要开设一家集潮流风尚、前沿艺术、个性设计为一体的买手店，则如马当路新天地时尚购物中心的“Heaven”（世外概念店）那样，所有产品从品味、品质到价格的定位均位于高端，且与世界时尚前沿的设计保持同步。“Heaven”强调“务实的顶级时尚品味”，其买手周游伦敦、巴黎、米兰等各大时装周，拜访全球各地设计师，为顾客们精挑细选全球的时尚单品。选择时尚聚集地新天地购物中心作为店址，源于通过地域知名度与创意活动吸引拥有高消费能力并能与其他设计师品牌共享的高层次消费者。

O2O。在互联网时代中，服装营销的“O2O”不再是新鲜事，买手店同样如此。位于上海 Moonshine Garden 的 XINLELU.COM，以轻盈优雅、充满女人味为特色，从一家线上购物平台发展至如今拥有两家线下 Showroom 展示屋。经典的法租界具有深厚的文化底蕴却不失现代繁华，空气中弥漫着艺术气息。这家设计师品牌买手店充分利用区位优势，除购物体验外，定期举办

"Talent by Moonshine"跨界艺术展，为创意界人士提供沟通交流的机会。无独有偶，杭州"D2C"(Designer to Customer)国际设计师概念店，定位于全球设计师集成平台，汇集潮流风尚、前沿艺术、个性设计为一体，产品涵盖女装、男装、鞋包及时尚配饰。相比 XINLELU. COM 线下小规模的 Showroom 展示，"D2C"线下概念店已在各大一线城市开设店铺 20 余家，店址多为中高档商场，如上海 K11、重庆万象城、杭州银泰等。

3.2.1.3 具体位置分析

通过引进品牌的定位分析可从预计开店的城市挑选出合适的店铺开设区域。但具体店址的落实还需经营者对该区域的若干要素，如：商业活动频繁程度、人口密度、交通便利、客流量、人群聚集场所及同类店铺聚集程度等进行分析，以此选出合适的店址。

经营者可通过实地调研与考察对店址进行分析，一般包括消费者需求、地方特色和竞争店铺等分析。通过对一个地区的人口规模及收入水平的调查，可以大致判断这一地区的购买力状况，从而估算这一地区目标消费者的大致需求。对买手店而言，目标消费者多定位于高收入、追求个性的顾客群，分析时应该注重收集有关高收人群的人口统计信息(性别、年龄、收入、婚姻、学历、职业等)和生活方式。同时，竞争店铺的发展状况与商业运作模式的分析对买手店发展具有重要参考作用。

3.2.2 店铺设计

谈及设计时，人们通常会联想到根据不同店铺类型确定设计风格。一般意义上的店铺设计主要目的是美观、整洁，达到一定的档次，或营造良好的购物环境，但对于设计师品牌买手店而言，自身特色十分重要。

自身特色含义广泛，有产品、服务、经营等特色。相比于一般服装零售店，服装设计师品牌买手店的最大特色是产品，但却并不止于产品，更在于经营理念、店铺服务等方面独具特色。以经营理念为例，买手店 10 Corso Como 以一站式购物体验作为最大的吸引点；国内买手店“栋梁”与本土十几位设计师建立了合作关系，打造设计师多品牌集成店；“D2C”设计师集成平台以网络销售和实体店结合的经营模式开创了崭新的经营领域。不同的店铺设计风格对应于不同的品牌定位与理念，具体的店铺陈列规划将在本书第五章阐述，本节主要针对制定开店计划时的店铺设计要点进行介绍。

由外至内，行色匆匆的过路人是否愿意停下脚步驻足片刻呢？假如店门前人行道狭窄或是进门很费工夫，行人是很难停下脚步的。所以对于选择人行道旁的店铺不妨将店面往后缩一些或截出一角，留出空位方便顾客停留。而店面的外观设计对吸引顾客起到至关重要的作用。

◆小知识　　店铺设计小技巧

诱使顾客进店。店门口有块空地，可以让路人一目了然的橱窗。橱窗的位置可由店前来往的人潮决定。从店内往外看，若自右向左的人潮较多时，应加强左侧的橱窗陈列，同理可得反向人潮时，加强右侧陈列。另外，收银台万万不能设置在正对店外客户观赏点，不是每位客人都愿意与你四目相对。

店铺外观设计由店面、橱窗、广告、绿化等构成。绿化与商店能起到交相辉映的作用，在商店入口处设置盆栽可以营造共同融入美化环境的意境。一个主体鲜明、色调和谐的橱窗设计则能起到改善店铺整体形象并激发顾客购买兴趣、促进购买欲望、增强购买的意愿。橱窗的天地是无限的，它容纳了时空、精品与艺术、境界和追求，一个经典的橱窗将使店铺陡然提升一个档次。

◆小知识　　橱窗布置技巧

综合式。将许多不相关的商品综合陈列在一个橱窗内，形成一个完整的橱窗广告。由于商品之间差异较大，设计时应注意单元陈列或横向纵向陈列，切忌杂乱无章。

系统式。对于面积较大的橱窗，可按商品的不同标准组合进行陈列，如调整同类商品橱窗、同质不同类商品橱窗等。

专题式。以一个广告主题或主推系列为中心，围绕某一特定主题，组织不同类型的商品进行陈列。

设立橱窗的注意事项：

a. 保证足够的光源，玻璃高度通常 2 米，宽度 1.5 米，深度大于 0.5 米(根据店面大小、街道宽窄调整)。

b. 橱窗可选用适当的陈列用具，如背幕、人体模型、支架、托板等衬托凸显商品的美观、新颖。

c. 日常防护工作，需要配备预防日晒等措施。

当你成功吸引顾客入店，你所构造的购物环境是否能促进交易呢？

零售界有一个通用规则：顾客停留卖场时间越长，购买成交率越高。因此，创业者在进行店内设计时，需规划出延长顾客停留时间的卖场空间。最常用的手段有设计S型购物路径，拓宽路径以减缓顾客在卖场中的行走速度，巧妙利用货架和收银台的配置影响顾客停留时间。

◆小知识　　顾客导购路线设计技巧

小型店铺的基本设计是在正中央设置一套展示柜或展示桌，让客人绕其周围，形成"口字型"卖场。或在中间增加一条通路，形成"8字形"卖场空间。"顾客导购路线"可利用陈列柜、收银台、试衣间等分隔而成，但同时也必须留意以下原则：

① 别把收银台设在大门附近，就算无法改变这一事实，找几盆高大的植株、镜子或人体模型遮挡住，转移顾客的视线。

② 同样的商品避免一直线排列，以免过于单调，可考虑商品靠墙，或利用小桌子作主推商品介绍，增加视觉变化效果。另外，在入口处展示区和收银台周围陈列物品高度应较低，越靠近墙壁，逐渐增加高度。

③ 行为实验研究表明，路径越宽，人的行走速度慢，容易聚集人流。因此，即使是不超过20平方米的小店，最好也留出90～100厘米宽的通道，尤其是入口附近的展示桌和收银台四周，空间要大，留出充分的活动空间。

除了"顾客导购路线"，灯光、色彩及墙面的变化同样能提升顾客好感度，进而增加购买欲望。

灯光。灯光除可以照亮整个卖场，还可以利用聚光灯突出展示品吸引顾客眼球，更可以利用造型特殊的灯泡或灯管烘托店内气氛。灯光搭配原则为：将整体照明光强视为1，店门前为1.5～2倍，橱窗为2～4倍，墙壁陈列架为1.5～2倍。当你想要凸显全部的展示品或单一商品时，可将灯光从斜上方落下，适当制造阴影，增加立体感。另外，店内灯光设计需避免过于炫目并方便日常清洁或商品更换作业。

色彩。在商品陈列中运用色彩搭配的基本原则，往往可呈现出绝佳的效果：

a. 相同色相的几种颜色，依色差调和。

b. 在两种截然不同的颜色（对比色）加入媒介色，缓和对立感，加强彼此联系。

c. 选择同一、类似色相统一的整体印象。

d. 利用互补色或相反色凸显主题。

e. 依照赤橙黄绿青蓝紫色相环、明度、彩度顺序，创造浓淡层次差别。

f. 依据人眼观察习惯，从左至右，色相浓淡层次按红到紫，明度由高至低顺序陈列。

墙面。具有吸引顾客目光的功能，方法若是得当，更能清晰地传达商品信息，提升购买欲望。成功的店铺，往往连墙面也能做到“物尽其用”。商品、绘画、照片和摆饰等均是丰富壁面的素材，用以装饰从衣架到天花板之间的部分，绝不会太单调。如果店面规模不大，可以使用整个墙面，多放些商品，弥补空间的不足，但千万别用商品“淹没”整块墙面，适当留白可以营造良好的视觉效果。

3.3 品牌组合与采购准备

3.3.1 品牌组合与定位

买手店是以目标客群的时尚理念为基调，商品的款式凌驾于品牌之上，是以“买手”为核心的经营模式。一个买手店提供数十个甚至上百个潮流品牌，是一个释放时尚、独特、鲜明个性的场所。买手店需要了解和满足以下条件，才能说服品牌与其建立牢固、良性的合作关系：目标客户与品牌的目标客户相匹配；买手店选址合适；店铺的设计以及展示都能体现出品牌的档次；品牌组合能够帮助合作品牌更好地发展；市场和目标是中高端的消费群体，具有提升品牌形象的影响力。

由于目标消费者、店铺定位、商区选择等因素的不同，国内买手店在品牌组合与定位上有各种形式。

3.3.1.1 概念店

概念店源自欧美，流行于日本。概念店在我国刚刚兴起，其经营范围除了服饰类商品之外，通常兼有出售家具、花卉、电器等家居日常用品。在相对成熟的概念店中，同时也会配置如咖啡厅、书吧等娱乐休闲场所。概念店经营理念注重顾客能够融入生活、感受生活、享受生活，依据顾客需求，为其介绍、推荐配套产品。与传统零售店铺相比，概念店是一种集休闲、消费、娱乐于一体的商业模式。

◆**小案例　　10 Corso Como 概念店落户上海**

10 Corso Como 首家中国门店于 2013 年 9 月 13 日在上海静安寺一栋独立的四层小楼开张(图3-6)。10 Corso Como 上海店面积达 2 500 平方米,由 Sozzani 的丈夫兼任工作伙伴,美国艺术家 Kris Ruhs 亲自设计。

门店一层是一个多功能空间,其设计构想是使之成为展示 10 Corso Como 一系列不同体验的中心。这一层分为设计区、美妆区、10 Corso Como 品牌产品区、书店以及甜品咖啡店(图 3-7)。其中设计区拥有众多在上海独一无二的品牌,包括 Eclectic by Tom Dixon、Fornasetti、Ligne Blanche、Bosa 等。

图 3-6　10 Corso Como 上海店外景

图 3-7　10 Corso Como 上海店一层花园

美妆区云集了一系列精心挑选的独特品牌，如 Dyptique、Mad-et Len、Atelier Cologne、Christian Tortu 等。另外，10 Corso Como 的自家品牌也位于该层。同样位于一层的是带露台的甜品咖啡店，营业时间为每天早上 8 点至晚上 10 点。

门店二层展示来自世界各地的设计师和新兴设计师为顾客呈现服饰及配件（图 3-8）。“sumisura”（意大利语定制之意）一角则专为顾客提供手工定制服务。10 Corso Como 为不同年龄层的男性提供多种风格的选择。此外，该层还专门开辟了一块区域，用来举办活动、特别企划以及 10 Corso Como 与国内外艺术家们的合作项目。

门店三层是女性的时尚家园（图 3-9），静安寺的美丽景致、试衣间、沙发和座椅，让顾客尽享 10 Corso Como 的悠闲购物理念。

图 3-8　10 Corso Como 上海店二层男装区

图 3-9　10 Corso Como 上海店三层女装区

10 Corso Como 的餐厅与酒廊位于顶层，餐厅供应意大利美食（图 3-10）。此外，上海 10 Corso Como 的画廊也位于该层。通过与设计师们的独家合作、频繁的艺术展览，10 Corso Como 成为极具生命力与创造力的多变空间。

图 3-10　10 Corso Como 上海店顶层酒吧

摘自：张爽爽，10 Corso Como 入驻会德丰地标再升级. 瑞丽网，http://life. rayli. com. cn/articles/2013-08-01/385666. shtml. 2013-8-1.

如今，国内已有引入概念店的经营理念和经营模式，如北京的薄荷糯米葱(BNC)是由出版人洪晃投资的中国原创设计概念店，涵盖了服装、家居、配饰、首饰等(图 3-11)。

图 3-11　薄荷糯米葱中国原创设计概念店

来源：http://sns. id-china. com. cn/case/103999-1. html

3.3.1.2 设计师多品牌集成店

集成店的商品以设计师品牌为主，买手与设计师或品牌商以买断或共同开发的形式进行产品设计开发、生产和销售。集成店的买手不需要亲自参与产品的设计开发过程，只需直接挑选购买设计师当季作品或联系设计师设计作品即可。

这类买手店在国内常见，店长多为具有服装行业多年从业经验人士，对市场和时尚具有自己独特的理念，且本身具有一定的经济实力。如今，更多的买手店店长愿意挖掘和支持国内原创设计师品牌，为他们打造自己的创业空间提供帮助。如买手店“栋梁”与国内十几位设计师建立了合作关系，其中包括 Heyan（何艳）、Ye's（叶谦）、Vega Zaishi Wang（Vega Wang）、Sankuanz（上官哲）、(Na) Too（张娜）、Jl、NeitherNor（王楚翘）等，同时还售卖一些配饰。“栋梁”因其专一的“只售卖中国设计师品牌”的定位和坚持，受到国内外前沿媒体的关注。

◆小案例　　“栋梁”携九个中国年轻设计师品牌进军洛杉矶

2015 年 5 月，国内知名买手店“栋梁”与美国买手店 H. LORENZO 联手，携国内 9 个独立设计师品牌，以“游击店”(pop-up store)形式在洛杉矶举办为期 3 周的售卖活动（图3-12）。售卖从 5 月 8 日起，至 5 月 30 日结束，价位从 70 美元至1 800美元不等。所有产品同步发售于买手店电商平台 Farfetch. com，并已开放中国网站。

“栋梁”此次携带的设计师品牌为 Boundless（没边）、Angel

图 3-12 “栋梁”洛杉矶游击店(pop-up store)外景

Chen、Xiao Li、Museum of Friendship、deepmoss、Ms MIN、BabyGhost、BEN、ChairEYES 等。除此之外，“栋梁”还与传统手工布鞋品牌“内联升”合作，在“游击店”内展示千层底的制作方式，尝试向海外市场展示中国传统手工艺术。

“栋梁”创立于 2009 年，目前国内有 3 家买手门店，主要与中国设计师品牌合作进行售卖。2014 年，“栋梁”曾携多个设计师品牌，在上海时装周以“栋梁一日”的形式进行发布活动。同时以买手店形式，通过 DESIGN BY SHANGHAI 项目参加伦敦时装周，试图令海外消费者认识中国设计作品。

“栋梁”女当家 Tasha 答好奇心日报网(Qdaily)记者问

Qdaily 记者：如何挑选此次“游击店”的设计师品牌？是否都是“栋梁”正在合作的设计师？

Tasha：这次我们选择的 7 个成衣品牌和 2 个配饰品牌，

都是与 Lorenzo 先生一同挑选的，也是他认为的从创新性和代表性上比较适合洛杉矶市场的风格。例如 Angel Chen、Museum of Friendship 和 Boundless 洋溢出来的年轻和想象力极其适合洛杉矶的年轻人；而 Ms MIN 与 deepmoss 的优雅与东方气息，对于创业者业已培养几十年的女性市场具有足够吸引力。除了 7 位早已合作的设计师，Xiao Li 和 Baby Ghost 是“栋梁”从今年秋冬开始即将合作的品牌，这两个品牌设计师都生活在伦敦或纽约，本身东西方文化的融合就具有很大市场价值(图 3-13)。

图 3-13 “栋梁”洛杉矶“游击店”设计师品牌商品

Qdaily 记者：为什么这次挑选的品牌中没有男装？

Tasha：因为本身只是一个为期 3 周的“游击店”项目，时间并不长，而奢侈品行业中，女装市场的消费份额远大于男装，所以这一次我们希望能够更集中地针对女装进行市场测试。

Qdaily 记者:“内联升”和其余 8 位设计师的背景完全不同,为什么想要带这个品牌去试水国外市场?

Tasha:首先本身我对“内联升”就很感兴趣,我和我的合伙人都有不止一双内联升的鞋子。其次,我认为传统品牌应该与时俱进,这次和国内新锐设计师们一同输出,能够为其赋予更多的生气和更广阔的市场(图 3-14)。当然,这也是栋梁对海外推广的更多全新尝试。

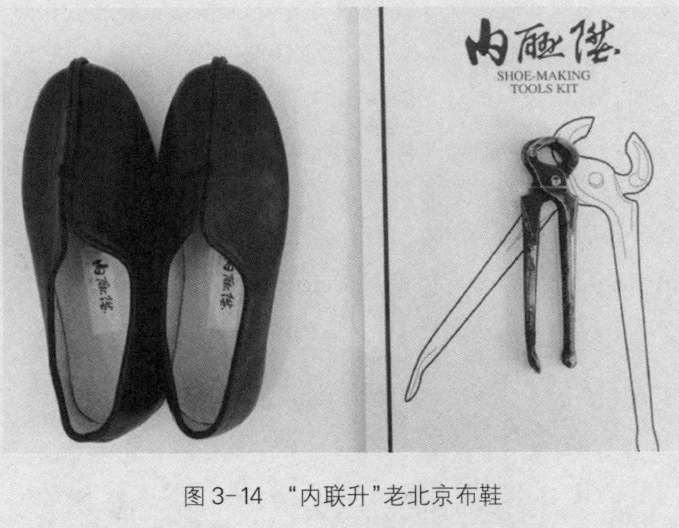

图 3-14 “内联升”老北京布鞋

Qdaily 记者:为何要对中国设计师品牌进行不断扶持与合作?

Tasha:这样做的好处显而易见。不仅仅是销量上的作用。确实,扶持新锐设计师对我们本身合作的设计师品牌后期售卖确实很有帮助,同时也是对我们本身买手店品牌定位的加强——别人都认为我们应该做这件事情，那我们就把它做好。

摘自：张金晶，带着9个品牌和老北京布鞋，中国买手店去了洛杉矶．好奇心日报网，http://www.qdaily.com/articles/9468.html．2015-5-12．

3.3.1.3 自有品牌与多品牌集成店

自有品牌与多品牌集成买手店的创业者多为服装设计师，或买手店雇有专业设计师为店铺设计服饰。这类买手店既有自己的品牌销售，也会根据目标消费群体的需求引入部分设计师品牌作品进行售卖。这类买手店创业者需要了解服装商品的企划、设计、开发、生产等过程，并有相关加工团队协作完成服装生产。

如 Dover Street Market 是川久保玲经营的一家高街品牌市集，店内不仅有其各时期设计作品，还有上百个加盟品牌。如今在上海长乐路与安福路等商区，很多原创设计师买手店也运用该模式进行店铺经营，在推广自主原创设计产品的同时也会根据目标消费者需求引入相应风格、款式的商品（图 3-15）。

图 3-15　Dover Street Market 日本银座店

来源：http://www.wallpaper.com/fashion/dover-street-market-ginza-tokyo/5737#60960

3.3.1.4 二手商品、纪念品集成店

二手商品、纪念品店铺属于多品类商品集成店，店内的商品比较特殊，一般进货渠道来自跳蚤市场、二手市场或私人物品。店内商品多为具有一定代表性的二手商品或纪念品。店内的买手往往是具有独到品味的收藏家，店内的宗旨以文化宣传为主，盈利为辅。

◆小案例　　　专卖"老东西"的特色买手店

上海的特色买手店老麦杂货铺，店内销售物品都是"老东西"，如老式的缝纫机、旗袍、手表、墨镜等，店主经常游走于上海二手交易市场或跳蚤市场进行商品挑选。这里货品有的是从走街串巷收旧货的人那里买来的、国外跳蚤市场淘来或者从朋友们那里收来。老麦说："旧货带着历史感，有的设计很经典，有的色彩、质地超级棒，对这些东西我爱不释手，只要有可能就尽量收下，关键你得会挑。东西太新了，或者旧得不够好看，都不行。挑回来了，还得会用。旧货不等于古板、老土，你得设法让它们产生新的感觉，跟现在的生活融合，这才是最关键的。"旧货尽管看上去有点斑驳，但这正是历史留下来的印迹，每件旧货都承载了主人的故事。

老麦杂货铺位于上海市徐汇区乌鲁木齐路，是上海颇具特色的二手商品、纪念品集成经营模式。店内装横独具特色，刚进店门就可以看到很多旧上海时期的旗袍、书包、油纸伞，整个店铺弥漫着一股怀旧的气息。当问及为什么会开设这样一家店铺时，店员 Hurry 认为"老东西"都是有故事和文化，而

且这些东西的内涵需要花时间慢慢去品味。开店初期，他们的想法是做一个讲故事的人。如今社会更新换代很快，越来越多的老东西逐渐在我们的视野中消失，店内的商品虽然不是古董，但是可以说得上是珍藏品。它可能代表了某个时期的文化、也可能只是叙述一个故事，而且现在的世界变化太快，人们需要静下心来欣赏一下过去，回忆一下那些过去美好的东西。老麦杂货铺的宗旨是想把这些东西呈现给现代人观赏，作为一种兴趣也作为一种宣传。

店铺选址为乌鲁木齐路，这条道路可称为上海的文艺路，很多上海居民、国内外游客或学生有时间会去那儿逛街、浏览，是艺术、文化的聚集之街。老麦杂货铺宣扬着一种文化，当人们经过老麦杂货铺驻足观望时，虽然不一定消费商品，但是一定会感受到老东西的文化，这也就达到了老麦杂货铺存在的意义。因为与其他盈利性的买手店不同，老麦杂货铺承载老上海、老中国的记忆，店内氛围十分轻松。店内店员及店长从不打扰顾客挑选商品，店内商品也可供人随意拍照。

风格定位

老麦杂货铺内商品分为三种：一手商品、二手商品、特色商品。其中店内80%以上都属于二手商品及特色商品。其中特色商品属于二手商品的一种，它不全是服饰类商品，其中还包括老唱片、老式缝纫机、可口可乐老式冰箱等具有年代感的收藏品。这些商品通常由私人渠道购入，虽然具有一定的年代，但不影响其功能的正常使用。二手服饰类商品多通过二手市集或私人渠道购入，服装款式风格独特，产品通常经过二次改良后直接销售。一手商品多为与设计师合作开发产品，目的是配合店铺风格及消费者需求，产品风格以怀旧为主，部分商品还会经过特殊做旧处理，使其看上去具有年代感。

价格定位

老麦杂货铺的一手商品价位 38～1 000 元不等。二手商品较一手商品昂贵，50～2 000 元不等，性价比较高的为二手箱包，多为牛皮所制，虽有一定年限但不影响其使用性。

随着时间的流逝，箱包主题呈现不同的纹路，极具观赏和收藏价值。特色商品多为各种家具和日用品，其中照片、笔记本等收藏品呈现个人特色，而店内的红木桌和屏风等是很有价值的收藏品，一般仅作为店内陈列而不做销售。店员 Hurry 在采访中提到："店内的二手商品普遍贵于一手，这是因为我们在定价时考虑到'老东西'的价值，也许他的实用性不及现在的高科技产品，但是它拥有自己的故事，而这个故事价值连城。"

货源渠道

因为店内售卖多为居家装饰及服饰产品，且大部分为二手货，所以店内进货渠道与一般买手店不同，多为二手跳蚤市场和私人购买两种渠道进货。二手市场主要在上海本地，也会去其他地区及外国的跳蚤市集淘货，不同的二手市集都有各自独特的文化和氛围，也会藏匿着不一样的惊喜。当然最多货品来源是向私人购买，许多上海老年人都有自己的收藏品，但是子女并不喜欢，所以他们愿意把这些老东西交给老麦杂货铺，希望能够被有缘人带走。老麦杂货铺里还会有一些不知名的老照片、旧衣服、用过的笔记本、日记，他们都是不同的故事。

旧货带着历史感，有的设计经典，有的色彩、质地饱含历史风韵。二手商品的挑选，要求买手具备丰富的历史文化知识和独到的审美眼光，挑选的货品太新或者太旧都不够耐看。最重要的是店铺商品挑回来出售，还能二次使用。旧货不等于古板、老土，老麦杂货铺的神奇之处在于能让老东西产生新感觉，与现在的生活融合。

店铺宣传

老麦杂货铺愿意接受媒体的预约采访，也曾经被《上海微100》节目收录，成为上海100部微纪录片留下的老东西印迹。除此之外，老麦杂货铺还会通过与明星微博、微信互动宣传。

3.3.1.5 网络销售与实体店(O2O)

随着电子商务的普及，淘宝、微信等网络销售平台越来越受到人们的关注，网络销售和实体店结合的经营模式也受到顾客和经营者的好评。网络的普及也使消费者的购物更加方便，使消费者购物不受时间、空间的影响，而且支付宝等手机支付模式的普及，也让线上购物更加便捷。

源自英国电商的LN-CC深受时尚买手的推崇。2010年，时尚买手John Skelton和Dan Mitchell在伦敦创立了LN-CC，以独特的审美眼光选择新潮商品进行销售。销售的品牌除了成熟型的品牌如Lanvin、Comme de Garcons、Balenciaga等之外，也有新兴的设计师如TzeGoh、J. W. Anderson等。店铺还曾销售过年轻的中国设计师李杨(Yang Li)服饰以及日本Sasquatchfabrix和Sunsea等潮流高街品牌。LN-CC的运营模式采用网络销售和实体店结合的方法，其电子商务在各种社交媒体上非常活跃，而店铺则位于伦敦东部的达尔斯顿区。目前国内也有多家买手店效仿，采用线上销售闲暇体验的模式，让消费者多方面体验店铺文化，也便于消费者购买所需商品。

3.3.2 制定采购计划

采购计划(Procurement Planning)是指在产品生产和发货之前，以财务和设计为基础，制定一个在商业上可行的采购范围，是预选之后和采购之前的一种工作文档。一般来说，采购计划是对具体实施产品的采买制定详细量化的标准，是采购实施的依据。

在制定计划前应尽可能多地获取相关信息，包括外部市场信息和内部运营数据所涉及的各项内容。买手必须根据流行资讯、各种专业展会和贸易活动以及创业者的实践经验对未来时尚潮流趋势进行分析判断，包括可能畅销商品的颜色、款式、面料等。同时，买手需收集分析各品类最新技术工艺、新设备运用、新产品开发等相关信息，综合制定品类组合、采购方案和目标等。最初的采购计划通常是在特定销售季节内预计采购的一系列产品清单，且这个清单所列的支出不应超过预算。在具体实施采购时，计划在执行过程中会做调整，并最终为销售季节提供完整明确的产品目录。这一阶段的工作内容要求买手在数据处理和财务规划方面具有较强的业务能力，同时对服装、面辅料市场行情有比较完整的了解。

3.3.2.1 采购的5R原则

在实际的销售过程中，如果由于存货量不足而导致不能及时满足顾客的需求，就会造成店铺的缺货损失。缺货损失不仅指当顾客需要商品而仓库没有存货所造成的损失，还包括当顾客由于订货或送货时间过长或不稳定等原因而选择放弃在该店铺购买商品所造成的损失。此外，如果某个商品特别好销，但由于备货不足造成无货可卖的情况，还会造成销售机会损失。然而，如果为了避免上述损失而盲目订货，那么很容易造成库存的积压，导致流动资金的积压，也会对店铺的经营带来不利的影响。因此，如何合理和科学地制定采购计划对买手店经营成败至关重要。

在进行商品采购过程需要遵循哪些原则，才能使采购效益最大化呢？采购专家建议采用 5R 原则指导采购活动，即在适当的时间，以适当的价格，从适当的供应商处买回适当数量和质量商品的经营活动。

A. 适量(Right Quantity)

买手店在采购过程中需正确把握每季的商品采购总量，下一阶段的渠道发展计划、市场营销计划和单店提升计划等也是确定订货总量的重要依据，并在此基础上根据自身店铺的面积和销售能力等确定合适的订货数量。具体来说，买手与相关营销人员共同对新一季销售目标进行商洽，通过对同期实际营业额的比较，预测销售业绩增长比率，结合店铺状况分析(平效、店铺数量等)，确定新的销售目标。同时参考销售数据，对每个品类的总销售和库存等指标进行分析，分析结果一方面可作为调整货品的依据，另一方面也可为新的货品采买计划做参考。为满足消费者需要，商品种类应尽可能多样化，买手必须仔细规划准备购买的服装规格和数量等。

一般而言，用于计划性采购商品的数量占总体采购数量的60%～70%，其余为补单商品(即补充畅销款)，有时也会对有争议的款式进行试单，同时还要考虑现有库存和折扣等因素，最终确定采购数量。

B. 适质(Right Quality)

优良的商品品质无疑是店铺经营的基础,由于品质不良引起的顾客换货或退货,有可能使店铺蒙受经济损失,严重的还会造成顾客流失。这一点对于普遍依赖忠实顾客提高销售额的设计师品牌服装买手店来说十分重要。

合适质量的第二层含义指合理的商品结构。在制定采购计划时,应从宏观的角度综合考虑商品结构的差异性问题,如大类的服装、配饰、鞋类各占多少比例,或小类的上装、下装比例是多少以及衬衫、外套、裙装、裤装的合理配比等。一般而言,一款下装可以用于搭配一件以上的上装,上装数量会略多于下装,买手需要根据实际销售和库存数据统计出合理的上、下装、配饰配搭比例,并结合产品款式、色彩和自身积累的经验拟定采购计划。

商品结构往往能够反映出品牌的整体实力。在服装品牌中,产品种类越多,品种的范围就越宽(体现品类宽度),而在一个特定的品种之内能够提供给消费者选择的多少则是基于服装品类深度的考察。买手的难点就是品类深度与宽度之间的平衡点,在最大限度地满足顾客有挑选余地的同时又能保证资金和库存能够有效地周转。一般窄而深多用于经典或传统或单品类品牌,宽而浅主要定位于年轻人的时尚品牌。

服装根据时尚程度的不同,可以分为经典类和时尚类,为了使销售获得平衡,买手需要在时尚款与经典款之间找到一个合理的平衡点。根据产品的生命周期特点,一般服装商品可分为基本款(Essential)、时尚款(Fashion)和核心款(Core)等。在产品采购计划中可基于不同品类生命周期特点进行采买比例的分配,各类别的款式如何进行适当比例的搭配，并没有固定公式可以套用，表 3-11 为基于不同品类生命周期特点进行采购比例分配的示例。

表 3-11 产品品类比例划分示例

品类分类	分配比例(%)	利润比例(%)	说明
基本款	30	40	根据历史销售情况，提前备货
时尚款	20	20	通过抓款、高单价体现品牌时尚度
核心款	50	40	体现品牌特色，针对同款特色采购

C. 适价(Right Price)

店铺对目标消费群体的定位，决定了商品的主要销售价格带，采购商品的过程中应以此为标准确定采购价格标准，并推动商品的销售。

在此基础上，考虑不同价位段所占的比例，制定最为合理的订货价格组合十分重要。中低价位的商品是店铺销售数量提升的主力军，但如果想要保持 30%以上的业绩增长，除了来自销售数量的增长外，更重要的是提升平效和降低商品打折比例。

合适的价格往往要经过几个环节的努力才能获得，即多渠道获得报价、比价、议价和定价。在这一过程中，买手对市场状况的熟悉程度和对市场脉搏的把握将成为制胜的关键。

D. 适时(Right Time)

服装类商品具有明显的季节性和阶段性特点，商品的销售时间，各季节、各月、各周的进货计划是买手店在制定采购计划时需要考虑的要点。买手店的优势之一是可以根据市场流行趋势适时改变产品的风格以适应新的需求。因此，买手不但需要对历史同期上货情况进行分析，更要针对新产品的特点、流行趋势以及目标顾客需求制定新的上货计划，进一步确认合适的产品采购时机。

通常，服装采购计划主要针对每年的两个销售季，即春夏季和秋冬季。春夏季一般指每年的2～7月，秋冬季则指每年的8月至次年的1月。需要注意的是各销售季的起止时间并非一成不变，可能会因店铺所在地区的气候特点和消费者生活习惯的不同而有所差异。大部分的店铺在冬末上市春装，春末上市夏装，夏末上市秋装，秋末上市冬装，因此要保证每季这一阶段所采购的服装能适应天气的变化，如在2月份春装刚上市时，店内仍应有适合冬季的服饰。

此外，在同一季的不同时间进行服装采购被称为“波段”。每一季一般分为6个波段，即每个月为一个波段，买手对每一波段的采购范围进行细化，根据市场实际情况及库存等对新品上货、降价销售时期，做出及时的调整和与之相配合的采购计划。大部分店铺至少每隔6周会进行一次服装采购，使店内的服装款式不断更新，以满足和激发消费者的购物需求。因此，买手店管理者应定期浏览商品的销售信息，分析畅销款和滞销款的数据，这些工作对于考虑是否追单或为下一销售季节做好准备至关重要。

E. 适地(Right Place)

一件好的商品可能因为没有放置在合适的店铺和陈列位置而导致销售业绩不佳，因此应针对目标顾客，根据店铺的位置、面积、风格和业绩等综合要素进行区位划分，选择最合适的店铺视觉效果(表3-12)。同时，基于对不同地区气候、文化、消费水平和经济发达水平的差异以及当地消费者体型方面的特征，在产品的款式、尺码和品类上也需要采取差异化采购和配货的计划。

表 3-12　店铺等级与货品配置示例

店铺分类	特　　征	款式分布
A 类店铺	货品规模大，款式全，数量多，几乎安排所有产品线上架，可作为形象店或旗舰店	基本款、时尚款、核心款
B 类店铺	规模居中，款量居中，二级店铺	基本款、时尚款
C 类店铺	面积、规模、数量较小	基本款(少量时尚款)

来源：陈静. 服装买手在国内品牌中的职能化动作研究[D]. 北京：北京服装学院，2008.

3.3.2.2　采购商品预算

在做采购资金的预算时，一般要求买手制定一份半年期的采购计划和资金分配方案，为此，买手须关注春夏季或秋冬季的服装商品计划方案的相关细节。

A. 预算的制定

采购预算是决策者根据内部销售记录、外部市场信息和当时社会经济情况进行综合判断，制定预算，并分配给不同买手相应份额。

B. 采购计划的调整

在商品采购过程中，买手应尽可能遵循既定采购计划，但有时可以根据实际情况做部分调整。在调整时，买手还要兼顾原计划的合理性。通常情况下，只要在制定计划时方案明晰、合理，采购时就不必做大的调整。

C. 预留机动资金

一般而言，热卖商品是提高盈利的关键，由于大多供货商在交货之后又会增加一些新的款式，这些款式可能成为热卖商品，但这种商品并未包含在最初的采购计划之中。此时，买手必须掌握一定的备用资金用以购买此类商品。因此，拥有一定的机动预算是非常必要的。

$$\text{机动资金} = \text{某一时期实现计划销售目标所需资金} - \text{采购已支付资金}$$

买手店也可采用 OTB(Open To Buy，采购限额计划)确定机动采购额度，即在给定时期内计划采购额与买手承诺购买款项之间的差额。它代表买手留待当期购买的数额，并且随每次购买数量的上升而下降，实际上是指买手为采购新商品或更新库存而预留的备用资金。

4

如何订货

4.1 去哪里订货？

4.1.1 时装周(Fashion Week)

时装周是以服装设计师以及时尚品牌最新产品发布会为核心的动态展示活动，也是聚合时尚文化产业的展示盛会，通常在时尚文化与创意设计发达的城市举办。巴黎、米兰、伦敦、纽约、东京是全球著名的流行发源地。各时装周均有其偏重的时装风格：纽约时装周——商业休闲；伦敦时装周——先锋前卫；米兰时装周——本土时髦；巴黎时装周——高级定制，由此揭示和决定了当年及次年的世界服装流行趋势，买手们可以针对性地选择参加并通过寻找时装秀场的交叉点推测每年的流行趋势。时装周每年举办两次，一般分为二三月份的秋冬时装周和九十月份的春夏时装周，每次在大约一个月的时间内相继举办300余场时装发布会。举办期间汇聚了时尚圈的设计师、模特、名流明星、摄影师、化妆造型师、秀导、经纪人、媒体以及舞美和服装、模特院校等相关行业和机构。

近年来，国内时尚业蒸蒸日上，上海、北京、深圳等时装周期间聚集着国内外知名设计师、品牌、Showroom及各式服装品牌展会。时装周秀场是百花争艳之地，秀场结束之后各品牌企业会在一个相对私密的空间举行服装订货会，并邀请买手参加，此时的Showroom更像一个商业派对，这一类的商业订货会作为买手与品牌方的合作平台，能够为合作双方创造商业机会和价值。

4.1.2 展会(Trade Show)

Trade Show 即展会或博览会，以其独特的专业性、针对性特点成为国际、国内企业和买手间直接面对面交流、展现品牌形象和产品的极佳场所。随着服装品牌的流行信息、时尚文化的传播网络越来越发达，以完善市场功能、树立品牌形象、帮助企业拓展市场为目的的各种服装博览会、交易会也越来越多，范围覆盖整个服装产业。例如，大型纺织服装展会在一个相对集中的空间内，集聚成百上千家服装品牌，以令人眼花缭乱的手段展示自己的个性与风采，买手们可以在短时间内获得新的理念、款式、流行色彩或表达方式。展会设有专门的展区，供面辅料制造商、服装供应商和代理商展示新颖产品。买手根据自身产品和潜在市场的需求，与面辅料供应商或服装供应商接洽，选择适合自身品牌需求的供应商或货品。同时，一些参展商会在中心展示区展出流行面料样品或色彩预测样品，并结合专业视觉传播工具，演示或诠释流行趋势。期间，若干品牌供应商还会举办服装发布会，以吸引更多的买手型代理商或经销商。

国外知名的纺织服装展会主要有“巴黎 Who's Next 展”、“Pitti 佛罗伦萨男装展”、“米兰 White 展”以及“法国 PV 面料展”等。国内有一定知名度的展会主要有“中国国际服装服饰博览会 CHIC”“Mode 上海服装服饰展”“中国(深圳)国际品牌服装服饰交易会”等，这些展会正逐步走向新的品牌化道路。

4.1.3 品牌陈列室(Showroom)

Showroom 即品牌陈列室或品牌展示室，而 Showroom 展会举办时间皆为各大时装周期间，旨在帮助设计师完成时装秀后，利用 Showroom 空间接待来自世界各地的买手与媒体，方便业内人士近距离观察和选购货品，完成下一季的销售订单，堪称时装产业链的商贸核心环节。

Showroom 大致分为品牌自营 Showroom 和多品牌集成 Showroom 两种类型。对于规模较大的一线品牌来讲，客户群比较稳定，品牌定位清晰，所以他们一般倾向于做本企业品牌独立的 Showroom，由品牌公司自己完成每一季的订货和商务活动或工作。但是，对于大多数设计师品牌而言，自营 Showroom 成本高，并且买手和客户资源并没有那么丰富和稳定，所以他们通常会选择入驻多品牌集成 Showroom，将自己品牌的商务活动部分交由多品牌集成 Showroom 管理。作为多品牌集成 Showroom 经营者，多年的市场经验与客户和业务资源的积累，使得他们对自己的客户(买手)需求比较了解。所以，当品牌进驻到每一个不同属性的 Showroom 时，管理者会根据品牌的定位定向与客户进行沟通。

Showroom 聚集区对于买手而言是较为集中的进货之地，通常位于创意园或时尚聚集地，通常是各地设计师品牌聚集的场所。例如上海世贸商城内有诸多品牌 Showroom，香港恒隆则批发国际一线品牌(图 4-1)。Showroom 聚集区服装货品资源充分，多为正品设计师品牌，支付方式多为现金支付，买手们可以根据自己的订货需求，寻找需要的品牌资源。

在时尚产业成熟的发达国家，Showroom 在产业链中起着非常重要的作用。目前国内也出现了具有一定规模的设计师品牌集成 Showroom，这类 Showroom 常年对买手开放，对国内零售业而言，它是以买手和多品牌集合为核心、从创意到销售的一站式新型商业模式。

图 4-1　香港恒隆 Showroom

2011 年，Showroom 作为时尚行业一种新的商业模式引入国内。国内陆续出现了 AAO Brands、DFO Showroom、Tudoo 等率先试水的 Showroom，它们各自以自己的方式摸索着发展方向，尝试面向国内买手进行商务运营。Showroom 及展会在国内创业至今得到了快速发展，也使其成为国内设计师品牌买手店进货的首选。随着国内时装周每年春秋两季如期举行，各 Showroom 展会也在这一期间纷纷响应，与 Showroom 合作是现在大部分服装设计师买手店的选择。初步统计，上海目前有不同规模的 Showroom 展会，各自都有独特的风格定位。

A. MODE SHANGHAI

MODE SHANGHAI 的品牌系列宽且浅，能够很好地观察对比不同品牌的定位及差别。适于初期还在寻找销售定位的服装设计师品牌买手店和集成店的买手，或者吸引或寻求期望开拓新市场的服装设计师品牌。场地以区域划分方式即展位（Booth）承包给每位进驻业主，每个展位的设计师品牌入驻、陈列摆设、置办均由品牌方自己负责。在 MODE SHANGHAI 可以看到从国内独立设计师直至国外快时尚品牌的各种展位。但展会注重传统的商业模式，买手与品牌沟通效率参差不齐，产品风格丰富但浅显，对于已有准确定位的买手店不一定合适。

B. DFO

DFO Showroom 代理品牌多为国外成熟小众设计师品牌，定位中高档，设计有特色，质量稳定，价格合理，可填补国内日益追求个性的时尚顾客和买手店需求。DFO 采取国际通行的集成式 Showroom 操作模式，买手可获得一站式服务。年龄及风格覆盖范围广、品类以及相关配饰较为丰富，同时还涵盖童装及艺术化服饰系列，产品主推海外品牌，现已逐步增加国内服装设计师品牌。DFO 产品丰富但经营模式统一，适合对欧美品牌有需求且希望有成熟稳定商业销售发展的买手。

C. Tn（T 的 n 次方）

融合众多设计师兼艺术家的先锋型服饰作品、极具现代感的家具，打造的 Showroom 空间，让“舒适”与“格调”成为 Tn Showroom 创立的标签。免收品牌及设计师场地费，由 Showroom 对接买手并对所有的进驻品牌统一下单，现场的接待及沟通人员大部分为 Showroom 人员。Tn 的入驻门槛较低，支持年轻品牌创立者在 Showroom 中拥有一席之地。

D. BOTH Showroom

BOTH Showroom 是国内时装周唯一以男性为主体对象的

Showroom,品牌多以欧洲品牌为主,涵盖少量的日本设计师品牌并拥有自主鞋履品牌。其男性定位精准,服装品牌几乎均为商业化的设计师男装品牌,质量稳定,性价比高,适合经营适卖路线的男装买手店。BOTH Showroom 从目前中国精品零售相对欠缺的供应链出发,确保从洽谈、签约到供货、上架等供应链环节的无缝连接。

E. 时堂

时堂由林剑联合杨炯、尹佳圣共同创立,是时装周国内服装独立设计师高质量品牌云集最多的 Showroom 展会,依靠着三位创始人的人脉资源和商务洽谈能力,将所有的品牌资源平台化。在时堂 Showroom 展会能够看到大量国内有着高知名度的成熟设计品牌以及不少高质量的国际品牌,适合需要寻找可靠设计品牌的买手以及期望形成集群效应、短期冲刺发展的设计师品牌。

F. TUDOO Showroom

源自广州的 TUDOO Showroom 包含欧美、澳洲、泰国等国家的时尚设计品牌。引进品牌以适卖路线为主,周边搭配少量突破式独立设计时装品牌以及亮眼的英国配饰品牌。Showroom 展会低调含蓄,但专业系统方面成熟稳定,在华南地区有明显优势,适合在选择适卖之余还希望走小众路线或者寻求新鲜品牌风格的买手店进行尝试。

G. ONTIME SHOW

入驻品牌多为新兴的欧美实力派独立设计师,也有大量的时尚生活方式衍生品牌以及新鲜活泼的配饰品牌。组成部分之一为静态服装及配饰展示,仅对专业买手制买家、经销商、品牌代理商、百货商场、购物中心等商业地产项目开放；组成部分之二为服装相关行业精英代表共同参与的行业趋势分析交流论坛。ON-TIME SHOW 适合定位品牌高端时尚、色彩丰富年轻化的创新式风格买手店，同时也适合各种买手拓宽眼界。

H. VDS Showroom

VDS Showroom 来自杭州，由中欧创新中心、中欧设计师协会等机构联合发起，旨在发掘年轻设计力量而构建的设计师集合平台。品牌涵盖范围广、风格丰富；年龄层面较宽，从“年龄定位”“收入定位”逐渐转向“消费心理”及“消费风格”定位。整个 Showroom 的品牌选择两极化，有耀眼绚丽的色彩系夸张品牌；同时也有注重工艺面料、符合人体舒适感展现服装肌理的设计师品牌。在肌理审美观念上有特色，适合暗黑、低调风格的买手店进行参考。

I. ALTER Showroom

ALTER Showroom 隶属于全球领先时尚机构 ALTER，由国际知名顶尖买手、设计师品牌推手 Sonja（龙霄）创始于 2010 年。ALTER Showroom 的全部品牌均经过高规格、高标准、高要求的严格筛选，从设计师背景、创意设计、创新能力、市场认可度、市场潜力、价位分析等多重标准下层层考核，最终展现给订货商、买手的，是一个独具匠心的品牌组合。ALTER Showroom 提供专业的品牌上下游全方位的服务，不仅为国际品牌商提供分销、展示、咨询、采购代理、公关推广的服务，更为中国客户提供零售专业支持，包括开店策划、VI 形象、商品分布、坪效分析、员工培训、公关活动、市场推广支持等。ALTER 旗下备受国际时尚媒体关注及屡获时尚大奖的概念店，位于上海市马当路 245 号新天地时尚

L116 店铺，方便订货商及买手前去商务洽谈。所以 ALTER Showroom 的团队运作与服务体系相对其他国产 Showroom 更加精准成熟，在国外产品的选择上注重适卖与创意，适合追求品位和格调的各种买手店。

◆小案例　DFO Showroom 华丽亮相上海时装周

2015 年 4 月在思南公馆举办了为期 9 天，主要面向服装买手的 DFO Showroom 展会（订货会，图 4-2）。展会收录了不同风格的 60 多个服饰品牌，其中不乏国内知名设计品牌 LULU LIU，可以让买手根据自己店铺的风格挑选合适的品牌进行商务合作。期间，挑选国际新颖品牌推荐给买家；提供给买家相关的品牌资料；与品牌商进行沟通，协助买家完成订单确认、收到货品后的质检、货款支付及物流等工作均由 DFO Showroom 参与共同完成，为买手节省了时间、提高了货品采买的效率。

图 4-2　DFO 2015AW 展会

2015 年 10 月 10～20 日，DFO Showroom 于上海时装周携 70 个国内外知名设计师品牌于上海外滩 SOHO 华丽亮相。

这次的展会长达 10 天，并外加 3 天 VIP 预览期。期间共有 800 位买手出席，100 家媒体莅临，按照国际时装周的高标准，为买手打造独一无二的专业 VIP 订货空间(图 4-3)。

图 4-3　DFO 2016 SS 展会

2017 年 10 月 18 日，为期 8 天的 SS18 上海时尚周官方合作展会 DFO Showroom 在上海黄陂南路 751 号 DI：LOFT 落下帷幕。DFO Showroom 是目前国内最大的 Showroom 之一，常年代理超过 100 个国际顶尖服装及服饰品牌，为国内买手店市场带来了最具商业含量的品牌选择(图 4-4)。

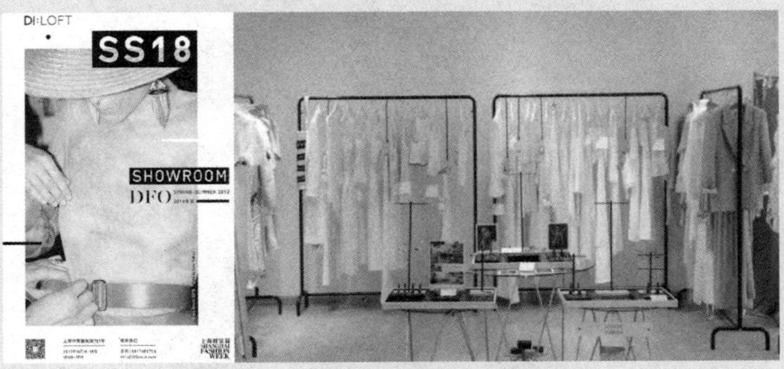

图 4-4　DFO SS18 展会

此次展会所在地黄陂南路 751 号是位于新天地附近上海

纺织控股集团的751创意园区（图4-5），翻新完毕的DI：LOFT总展览面积达2 000平米，其园区历史可追溯到1927年，曾是上海最早的纺织服装工厂之一。未来DI：LOFT也将成为DFO Showroom的固定展会场所。

图4-5　位于新天地创意园区的DI：LOFT

DFO SS18展会开幕当晚，首次精选旗下八个品牌举办了时装秀展示（图4-6）。包括VINTI ANDREWS、MISSY SKINS、VOICE OF INSIDERS、deeply personal、A&DRIS、PORTSPURE、emanuel ungaro、by FANG x SWAROVSKI。

图4-6　DFO SS18展会开幕时装秀

巴黎顶尖 Tranoi 展会 CEO David Hadida、英国国际贸易部中国区零售及消费品行业总监 Lexie Morris 等应邀出席了活动。同时,活动还吸引了包括著名媒体人、时尚博主、品牌设计师、时尚潮人在内的 400 余位嘉宾共同参加。

4.1.4 与设计师合作开发

一些刚起步的服装设计师品牌由于经济原因或缺乏商业经验,往往会选择与相对成熟的买手店合作,共同设计开发商品,并为买手店顾客量身定制系列服装,或根据买手店风格开发具有不同特色的系列服饰货品。这种合作开发需要买手与服装设计师针对服饰产品的风格、品类、数量等进行洽谈,共同商讨平面设计、面料选择及生产加工等环节。设计师工作室通常拥有设计师助理、平面助理、技术助理,他们会与设计师、买手一起合作,共同完成产品开发。很多较为成熟的设计师也会在各大时装周秀场之后开放自己品牌的 Showroom(图 4-7),包括品牌最新系列款式、面料成分及参考小样、专业的品牌宣传及销售顾问,让动态的秀场与静态的 Showroom 展示相结合,以方便买手订货及洽谈。

图 4-7 Manish Aurora 2016SS 品牌 Showroom

4.1.5 批发市场

批发市场对于预算有限的买手店而言是较为常见的进货渠

道。服装批发是服装销售的一种手段，也是服饰产业中很重要的环节，这一环节控制着整个服装产业链的重要资源。无论对生产商或者销售商来说，都是一个不可或缺的环节。从流通方式来看，主要分为 3 类：区域性、全国性、国际性。

区域性——主要指的是地方性的服装批发市场，主要针对地方的零售商，也有少量针对其他地区，如杭州、北京的服装批发市场。

全国性——针对全国各地的服装市场。例如武汉的汉正街、沈阳的五爱市场、江苏的常熟招商城等。

国际性——除了国内市场之外，这类批发市场还与国际客商进行大量贸易。如广东虎门、浙江义乌等是国际性服装批发市场，这些批发市场周边云集着大量服装生产工厂。

按产品品类可将服装批发市场分为 3 类：综合性、混杂性、分类性。

综合性——这类批发市场经营各种服饰的批发，男装、女装、童装、牛仔等。

混杂性——除了经营服装批发外，还经营其他货品批发，如武汉汉正街不仅批发服装，几乎什么货品都可以批发。

分类性——主要针对服饰种类来划分，即牛仔批发市场、休闲女装批发市场、皮草批发市场等。

随着网络的普及及发展，近年来国内服装市场上出现了新颖的批发手段：网上批发。目前的网上订货系统是专为贸易型或生产型企业开发的实时网上订货管理平台。该平台基于互联网，实现分销商（经销商/代理商）与下级零售商或生产厂家与下级分销商之间实时高效的订货、收货、发货管理、收付款对账管理、物流信息查询、在线支付管理以及方便快捷的订单短信通知等订货流程管理。因所处行业和季节消费特征，网络服装订货一般分为春夏和秋冬两个季节。有如时装周或品牌设计师Showroom那样，在春夏和秋冬新品展示会期间，通过互联网邀请众多服装企业商、面辅料商、生产商等产业链相关人员参与。

◆小案例　阿里巴巴旗下1688平台全力打造B2B“商人节”

当天猫的“双十一”已经成为业内标杆，并成为普通消费者的购物狂欢节时，阿里巴巴开始谋划在B2B(Business to Business)领域打造一个专属于中小企业的节日——“商人节”。

其实这并不是一个突如其来的节日。作为阿里巴巴旗下的采购批发平台1688，在每年9月都会有一个拿货节。对于商家来说，恰好能在国庆后的销售旺季前进行采购备货，对不少中小商家来说，这一天不亚于消费者的“双十一”。

2017年9月6日，1688拿货节刷新了历年的记录，如活动开始后的4分24秒，平台诞生了首个交易支付突破百万的商家；9小时41分，“96拿货节”交易额超过2016年“98拿货节”全天。由于本次拿货节在商家参与数、交易额和阿里巴巴倾注的资源上都是历届之最，业内也把这次拿货节称为“商人节”。

数据显示，2017年的“96拿货节”期间，广州、东莞和杭州分占女装行业交易额前三产地，其中杭州女装产品相比去年同期大促拿货金额强势增长700%。从各行业成交看，女装、童装、内衣、鞋和日用百货是当天最火的类目。

随着阿里巴巴集团三大核心战略(全球化、大数据和云计算、农村战略)和五新战略(新零售、新金融、新制造、新技术和新能源)的发布,B类业务再次成为阿里集团的重点支持对象。根据阿里巴巴发布的财报数据显示,2015—2017年,阿里巴巴B2B主营业务连续保持了20%左右的增长、B2B主营业务的GMV(商品交易总额)翻了一番。

摘自:闻丽.1688打造“商人节”的背后:阿里巴巴全面押注B2B[N].经济参考报,2017-9-13.

4.2 订货决策的影响因素

4.2.1 外部市场信息

服装作为最能体现消费时尚的货品,由于产品风格变化快,流行周期短,具有较大的经营风险。为了降低这种风险,准确地把握市场潮流,获得市场先机,服装企业买卖双方大都采用期货制的经营方式。期货制是以订货会的形式邀请客户集中订货,制造商根据客户订单分批分次出货。这是有效降低风险的市场营运方式。任何一家买手店创业者都清楚,店铺经营的最大风险是没货卖或库存大。降低订货风险需要明确若干店铺订货技巧。订货可采用“80∶20法则”:80%的精力用于订到好货,则只需20%的精力用来销售。优秀的订货不是单纯为了补充店铺商品,也不是为了压货,而是让店铺畅销品更多,销售更好。买手在为特定地区市场采购服装时，必须充分考虑当地宏观经济（Macro-economy）、微观经济（Micro-economy）、自然环境以及消费者特征对服装购买行为的影响。

4.2.1.1 宏观经济

宏观经济是指整个国民经济或国民经济总体及其经济活动和运行状态，如总供给与总需求，国民经济的总值及增长速度，国民经济中的主要比例关系，物价的总水平，劳动就业的总水平与失业率，货币发行的总规模与增长速度，进出口贸易的总规模及变动等。一个地区的宏观经济数据直接影响到当地消费者的收入状况和购买力。买手在为这些城市安排服装采购计划时，首先应对当地的宏观经济数据有所了解，以期预测入驻品牌的价格、档次是否能为当地目标顾客接受及潜在顾客群体的规模。

4.2.1.2 微观市场

A. 目标顾客分析

目标顾客群体基本信息，包括顾客年龄跨度、文化教育特征、收入水平、地域性差异等，属于相对变化比较缓慢和稳定的信息资源。其中顾客收入划分可作为品牌价位制定的依据，但若能明晰顾客的消费水平则更有价值，因为顾客生活方式和消费习惯往往是品牌市场定位的重要因素。服装买手需要对不同地域的消费者有针对性地进行调查和了解，有效聚焦目标顾客群体，以敏锐的洞察力、丰富的资源和良好的沟通能力对顾客群体的基本信息进行分析和汇总。总之，买手店的品牌选择和商品采购需要基于顾客群体喜好并正确把握市场方向。在人口统计细分中，顾客的年龄、性别、婚姻、收入、学历、职业以及生活方式等对服装消费行为有着重要影响并导致不同的服装偏好（表4-1）。服装买

表 4-1　不同年龄阶段顾客生活方式、服装偏好

年龄层	年龄	生活方式	服装偏好来源
儿童	0～13 岁	游戏、童话、上学	电视、广告商品
青少年	14～19 岁	求新、叛逆、求学	相对低价位的前卫商品
年轻人	20～34 岁	时尚、品味、工作	较高价位的时尚产品
中青年	35～44 岁	品味、舒适、档次	高价位时装、奢侈品
中年人	45～59 岁	舒适、享受	旅游、定制服装、降价出售的高价商品
老年人(退休)	60 岁以上	安静、享受	保健、舒适商品

备注:年龄划分依据联合国世界卫生组织提出的年龄分段整理

手要判断顾客的人口特征是否与产品市场定位相吻合,以此制定吸引顾客的采供计划。

B. 自然环境分析

气候、地域等因素会影响本地市场的穿着习惯,不同地区消费者的服装类别、款式风格侧重点不尽相同。如广东、云南等南方地区气温相对较高,严寒较少,因此对套装、裙装需求较大;浙江、河南等中部地区对套装需求较大;而北方地区秋冬季长,年均气温低,如哈尔滨、沈阳等一些城市对羽绒服、保暖装的需求量大。而且,受气候影响,不同地区的人群体型也会出现差异,影响服装款式和号型尺寸的选定,服装买手应明确这些差异的原因并采取不同的针对性措施。

C. 竞争对手分析

“知己知彼,百战不殆”。为了做好品牌产品的采购与销售工作,服装买手应定期考察和了解竞争对手的信息,如价格、款式、颜色、面料等,比较各个竞争对手产品的异同,再根据买手店经营方针制订合适的采购计划。

买手获取竞争对手信息主要通过实地走访观察，统计竞争品牌或相应水平店铺的开店数量、店铺规模、产品组合等，具体收集面料、产品设计、价格、质量、数量、店铺陈列、客流量与成交量、新品上货频率及数量、导购服务质量等直观信息，同时也需要透过现象进行深入分析，发掘竞争对手内在的优势和弱项，利用有效渠道（如供应商）了解竞争对手相关信息，及时将这些有效信息汇总分析，为店铺决策及计划实施提供可靠依据。

4.2.2 内部运营信息

历史销售数据直接反映店铺运营和产品适应市场的程度，对下一季或年度的订货比例、风格、价格等有很好的借鉴作用，包括：进货数量、进货数量占比、销售数量、销售数量占比、进销比或售罄率等。销售数据分析结果是服装新品配比、数量和价格等方面的有效参考依据。历史销售数据分析必须慎密细致，按照故事主题、系列、品类、颜色、价格、尺码、面料等区分畅销商品。表4-2、表4-3分别为某店铺畅销款和滞销款的销售数据统计分析。

表4-2 A店铺某时段畅销商品销售数据统计

货号	品类	总数量（件）	总金额（元）	数量占比（%）	销售数量（件）	销售金额（元）	销售额占比（%）	数量售罄率（%）
15003716350	裤装	110	65 890	22	58	32 239	28	53
15329701	裤装	116	69 484	23	49	24 453	21	42
15002314690	裤装	47	46 953	16	21	19 805	17	45
15002616000	裤装	62	49 538	17	26	19 133	17	42
15003714030	裤装	108	64 692	22	36	19 570	17	33
小计		443	296 557	100	190	115 199	100	43

表 4-3　A 店铺某时段滞销商品销售数据统计

货号	品类	总数量(件)	总金额(元)	数量占比(%)	销售数量(件)	销售金额(元)	销售额占比(%)	数量售罄率(%)
13168263	防风绒衣	66	105 534	23	1	1 599	9	2
13003211012	防风绒衣	50	39 950	18	4	3 196	18	8
13167600	防风绒衣	48	76 752	17	6	6 999	39	13
17003214650	毛衫	50	24 950	18	5	2 420	14	10
175305900	毛衫	70	34 930	25	9	3 592	20	13
小计		284	282 116	100	25	17 806	100	9

如果只是完全复制往季的畅销款，往往无法起到增加销售额的目的，因此买手需要进一步找出该款商品中可作为下一季卖点的因素，以延续其对顾客的吸引力。通常来说，价格和面料这两个因素可以被重新使用于下一季，而颜色和款式对时尚商品来说生命周期相对短暂。

在销售过程中，及时了解顾客对商品亮点的需求，也可作为制定采购计划重要的依据之一。如果顾客普遍反应所销售的冬季服装保暖性不足时，下次采购时应关注并修正计划订单的这一性能要求。

此外，退货记录也是值得关注的销售数据之一。通过查询记录下的退货原因，可能会发现顾客虽然购买了某些商品，但由于尺码不合适或质量等原因向店铺提出退货。收集了解这些信息，可以帮助买手修正采购计划，避免类似的问题再次发生。

买手店的订货人员应具备专业的知识和卖场经验，只有经历过卖场面对面与顾客打交道的买手才能准确地选择适合店铺目标消费者的商品。参与订货的人员应当熟知店铺的风格、目标消费人群及畅销款式。同时，店铺的资金周转状况是决定买手本季订货计划及流程的关键。这就要求买手店买手要有敏锐的数据分析能力，在了解店铺现有资金状态的情况下，基于本季的销售现状及资金流状态，分析并制定下季采购计划。

买手店订货决策时，还须关注如下问题：

VIP 数据分析。针对核心消费群体的消费数据，通过分析发掘若干订货机遇及盲点，并分析核心顾客的特征与敏感要点。

顾客问题收集。买手店顾客导购过程中，通过购买活动或与顾客交流往往会发现货品存在的缺点与产品问题（通常顾客不会主动反映此类问题），所以导购人员需要学会与顾客交流，挖掘这一过程中的顾客需求。

4.2.3 流行趋势信息

对服装买手而言，除了进行外部市场信息和内部运营信息分析外，还必须经常阅读时尚类杂志，关注时尚媒体，了解竞争对手的情况，对商贸、时装、面料的趋势等有一定的了解。流行趋势是买手灵感所在，服装流行是款式、面料、色彩、生活方式等因素的结合。店铺若能灵活运用流行趋势，把握时尚动态则会使订货工作事半功倍。

4.2.3.1 如何获取流行趋势信息

流行趋势信息源自国内外各大权威流行预测机构（如 Promostyl、WGSN、Fashion Snoops、美国棉花公司、中国纺织信息中心等）对下一季面料、色彩、服装廓型等相关预测内容的发布。巴黎、纽约、米兰、伦敦、东京等主要时尚中心城市时装发布秀场、各类展会活动、各种时尚媒体(如报刊杂志、网络、电视新闻等)及时尚传播机构发布着各种最新流行信息,同时也源自买手自身对时尚的敏锐感知能力。

A. 流行趋势预测组织和刊物

国际流行色预测由总部设在法国巴黎的国际流行色协会发布。国际流行色协会各成员国专家每年召开 2 次会议,讨论未来 18 个月的春夏或秋冬流行色提案。协会通过对各成员国提案的讨论、表决,选定一致公认的 3 组色彩为未来季节的流行色,并进一步细分为男装、女装和休闲装流行色组块。表 4-4 所示为世界主要流行色组织和机构。

表 4-4　世界主要流行色组织和机构

中文名	英　文　名
国际流行色协会	International Commission For Colour In Fashion And Textiles (Inter color)
国际色彩权威	International Color Authority
国际纤维协会	International Fiber Association
国际羊毛局	International Wool Secretariat
国际棉业协会	International Institute For Cotton

在巴黎、纽约、米兰、伦敦、东京等时尚之都,有专业的流行趋势预测公司定期发布有关流行的刊物,如法国的 Promostyl 流行趋势研究工作室。刊物以图片为主,内容包括服装效果图、流行色板及面料或纱线种类等。流行趋势发布与国际流行色预测相同,通常比正式的销售季节提前 18 个月,每 6 个月出版 1 次。这些刊物分为不同种类,如男装特刊、女士内衣或针织特刊等,其中诸多信息对服装产品的设计开发和生产经营有重要的指导意义。

一些专业杂志，如中国的《流行趋势》、《国际纺织品》(*International Textiles*)和《纺织研究》(*Textile View*)等也会发布近期的流行趋势，主要关注服装面料和色彩等。虽然没有专业预测刊物详尽，但还是能为大多数买手提供某一阶段的基本流行信息，并且这些刊物在一些主要服装原产地或代理商所在城市都可以买到。

B. 服装展会

国际上最富盛名的服装面料交易博览会是每年 3 月和 10 月在巴黎举行的法国第一视觉面料展(Premiere Vision, PV)，每次都会吸引成千上万的参展商。中国国际服装服饰展览会(CHIC)每年 3 月举行，内容包括服装流行趋势发布、品牌发布、各类面坛等。

C. 设计师作品系列展和时装秀

一些顶级设计师品牌，如 Chanel、Dior 等每年会举办两次服装发布会用以展示自己的新设计系列。巴黎、纽约、米兰、伦敦、东京等地也会定期举办时装周，邀请著名品牌设计师参加。设计师的作品秀主要分为两类：高级女装秀(Haute Couture Fashion Show)和高级成衣秀(Ready-to-wear)。目前，高级女装的影响力日渐下降，已不再是流行风向标的主要信息源。高级成衣相对高级女装价格较低，面对的是大众消费群体，因此，高级成衣秀影响力越来越大，是每年秋冬季和春夏季时装秀及流行趋势的主要信息源。

D. 互联网信息

互联网在获取流行趋势中起着越来越重要的作用。一些受条件限制不能及时购买刊物杂志、参加展会或时装秀的买手可以通过网络了解有关流行趋势的信息。

4.2.3.2 流行趋势分析与把握

流行色预测权威机构是国际流行色协会,它预测并确定未来24个月后的流行色。这一预测结果对于世界各国发布的流行色预测影响大。美国流行色协会(CAUS)、日本时尚色彩协会(JAFCA)等各国流行色协会在考虑本国消费者及市场等因素后,在产品上市前18～22个月发布本国的流行色预测结果。法国的国际纱线展览会(Expofil)、意大利的纱线展览会(Pitti Immagine Filati)等会提前18个月通过面料展和纱线展发布流行色。以此预测的流行色和流行面料等信息为基础,面料企业在计划阶段将确定面料的材质、色彩、印染等进行面料开发。开发出来的新面料通过法国第一视觉(Premiere Vision)面料博览会、德国的面料展会(Interstoff)等面料展会予以发布。将要出售的商品以时装秀与各种展会形式发布。销售前24个月开始的流行色预测在服装业由上游到下游阶段性进行传递,流行预测提案涵盖的流行色趋势、面料流行趋势、款式流行趋势的信息源分别来自流行色协会、面料展会、博览会、时装秀,虽然他们分别属于不同的组织机构,但是对于服装界的趋势引导是相同的。买手需要对这些流行趋势信息进行分类提取(图4-8)。

由此,买手们会频繁出现并参与各种时尚流行信息发布、服装设计机构、Showroom、世界各大时尚购物场所和主要时尚中心城市等的商务活动,及时接触和关注时尚动态,发现和选择认为符合时尚潮流的、能够引起流行的服装信息,如风格与造型特征、材质的选择、流行色的运用、服饰的搭配等,经过提炼、概括和简化,为下一季品牌选择与采购提供决策参考。

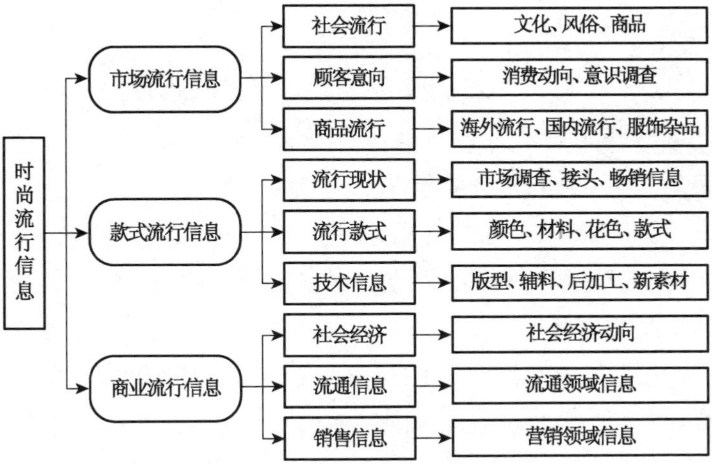

图 4-8　流行趋势信息分类

来源：陈静. 服装买手在国内品牌中的职能化运作研究[D]. 北京服装学院，2008.

4.3 订货实务与技巧

4.3.1　怎样进行采购谈判

采购谈判通常包括：商品的品质、规格、技术标准、质量保证、数量、包装要求、售后服务、价格、交货日期与地点、运输方式、付款条件等。经双方相互磋商后以协议或合同的方式确定购销。

4.3.1.1　明确目的

在进行谈判之前，买手应该明确此次谈判的目的，其中包括服装的品牌、服饰风格、价格区间、订货量和销售季节等，以便在谈判之前明确店铺商品需求及需求时间，做到胸有成竹。

4.3.1.2 信息收集

在谈判之前，买手应该对谈判的有关信息进行搜集、整理、分析，这样才能了解、把握采购谈判中可能出现的问题，防患于未然。其中，需要搜集及关注的信息包括：

a. 货品需求分析。货品需求主要针对目标消费者需求并结合店铺定位进行分析，其中包括各品类货品比例、品牌、价位区间、供货渠道等。

b. 服装市场及竞争对手分析。若要在激烈的市场竞争中取得不败之地，就应全面、正确地了解服装市场和竞争对手，并了解目标市场的潜在消费能力，以确定进货的数量及价格区间。

c. 供应商信息。供应商选择至关重要，直接影响到货品的质量、物流、发货及售后服务。

在谈判之前应了解对方的资信情况，包括：是否具有签订合同的合法资格、公司资产、信用和履约能力。这些资料可以通过公共会计组织对该企业的年度审计报告及银行、资信征询机构出具的证明文件进行查询参考。

另外，了解对方的谈判风格及特点对谈判的成功也有帮助。了解谈判对手的谈判风格，对预测谈判的发展趋势、对方可能应对采购的策略有一定的判断基础，以便为制定本方谈判策略提供依据。

4.3.1.3 谈判关键

谈判购买的中心是价格判断，其他内容如品质、包装、订购量、折扣、付款条件、交货期配合事宜、售后服务保证、促销活动、进货奖励等都是围绕着价格展开的。由于价格高低直接关系到获得利益水准，所以买手与供应商判断的实质是成本、价格和价值问题。关于买手与供应商价格的协商一般包括询价、报价、比价、议价与定价五个环节。在价格谈判结束之后，双方达成共识，就应积极促成签约。在签订合同、订单或条款之前应注意：

a. 即时促成生意。在草拟协议时应当询问对方关于款式、供货方式、发货时间及取货地点等信息。

b. 主动提出细节问题。买手可在谈判后期，主动提出合作细节，如共同商量验收服装的时间、地点、方式、装箱的规格货号及技术要求等。

c. 索要相关信息。在谈判结束后，应向对方索要相关的联系方式，如银行账号、支付方式、邮箱或名片等。

d. 及时下单及签订合法合同。在选货及谈判结束后应在对方下单截止日前及时下单，以使货品得以顺利地开发及生产。并主动提出签订相关合法合同，以保障双方的权益。

◆小技巧　　谈判成功的关键点

信息（信息的全面了解是一切谈判的基础）；

对象（剔除不适合对象能节约大量的时间）；

步骤（准备周全的方案能带来成功的信心）；

时机（把握好进攻与防守的时机取得主动）；

环境（环境的改变能起到意想不到的作用）；

技巧（各种技巧的实施能带来巨大的成功）。

4.3.2 订单控制与跟踪

4.3.2.1 跟单及过程控制

跟单是指从业务起始一直到业务结束(一般是财务做账结束)的一整套业务流程。例如:在买手店与 Showroom 的合作过程中,跟单主要涉及到货品的发货、物流及交付。因此,货品运输的起止日期应当在合同中注明,以保证顺利出货。为了保证货品准时交付,买手应当积极与供应商(Showroom)或相关负责人联系,以确定大货生产进度及发货的准确时间。若买手在跟单的过程中发现货品出现延迟或短缺现象应及时采取合理的预防或补救措施,如拒收更改、赔偿责任等,而且这些必须遵守的条款需在合同中明晰。

其中,在服装跟单时要特别注意:尺寸是否准确;款式是否有误;做工是否达标;是否具备正规的标识,如品牌商标、产品使用标识或说明等;成品颜色是否出现色差;确定交货方式及交货时间。

若此时跟单已经确定货品延迟,不能准时发货,买手应确认货品延迟原因,如材料晚到、生产滞后等,并尝试与供应商共同商议补救措施,将损失降到最低。此外,买手应对每一个供应商的交货情况进行实时记录,将其作为供应商的考评指标之一,以保证今后能够更为有效合理地选择供应商。

4.3.2.2 验收及退换货

货品的验收非常关键,由于绝大部分供货商会在合同中标明收货时间及货品验收条款,一般买手店在收到货品后一周内进行货品验收,不然则会影响瑕疵品的退换货,所以买手应当在接到收货信息后立即组织验收。买手店货品验收流程通常为:

a. 确认供应商。确认大货来源有无错误。

b. 确认交运日期与验货完成日期有无错误。这两个日期是交货的重要日期。交运日期可以判定供应商是否延误，有时可作为延期索赔的依据。验货完成日期与验货的进行相关，收货方需在验货完成日期前进行验货及记录，若有瑕疵品的存在则需要向供应商反映，进行退换货或索赔。

c. 确定大货的款式与数量。确定收取的款式是否与所定的品类与数量相符，并确定大货的品质。

d. 检查大货的规格及相关标识，如尺寸标识、品牌、水洗标等。

e. 通知验货结果。将允收、拒收或待检的验收结果填写在物料验收单上，并通知相关部门和供应商。

f. 退回不合格物料。若供应商提供的货品有不合格品时，应立即通知供应商，将该批不合格货品退回，或促请供应商用合格品交换，再重新检验。

g. 入库及记录。

4.3.2.3 货品记录及分析

货品的记录与分析分为采购记录与采购绩效评估。

采购记录是指在采购前后，对各环节的重要内容及细节进行相应的记录，以备存档及后续工作借鉴。对于历年的采购记录，应当按照年份、季节、货品类别等合理归档及保存，因为以往的采购经历能够为店铺今后的采购计划提供有益指导，有利于对供应商或采购过程进行评估，从中获取相应的经验教训。

采购绩效评估是对买手本次采买的评价，定期合理的评价可以节省店铺采买费用，增加获利水平。采购绩效主要是对成本、质量、交货期等进行评价，从而探讨工作质量的优劣。

4.3.3 订货误区

在订货的过程中，买手不应只是盲目的订货而忽略若干订货盲区，以下列举三种常见的订货误区：

A. 平均数型

订货时，有的买手会在服装数量方面每款取平均值(如每个款式都定2～3件)，不考虑款式规格的差异性和市场接受度。这样的订货会导致销售没有重点，永远没有畅销款。

B. 主观盲目型

订货时，有的买手依据自己的喜好盲目订货，而不是根据目标市场、消费者的实际需求，在订货的款式、数量、品类等方面仅凭自己的主观判断选货。

C. 跟风追捧型

跟风追捧型的买手通常对时尚的敏锐度不强，也不能很好地掌握市场动向和消费者喜好，看着别的买手怎么选货自己就怎么定，或者明星、网络红人穿什么自己就定什么。虽然根据有经验人士的建议和明星的影响力在一定程度上可以提升销售，但是订货的前提依然应以历史销售数据为依据，此外还需要考虑目标市场需求和目标消费者的喜好。

4.3.4 预购与拼单

4.3.4.1 预购

预购是指个人消费者向商业企业支付全部或部分货款预定购商品的一种商业消费信用形式。通俗的讲是指事先订货或购买产品。预购商品的个人消费者通过货款预付，预先买下所需要的消费品，确保将来的消费，满足消费者的求购欲望和预期需求；预销商品的商业企业，通过货款的预收，可以立即安排商品货源，保证交易活动的有计划开展。这种商业消费信用形式，常常在卖方市场情况下被采用。

A. 卖方预购

卖方预购的情况通常发生在卖方准备订货的前期或订货期间。主要是卖方在产品订货会或其他订货方式时，将其准备订货或犹豫的款式发到卖方的公共平台中去，与卖方的粉丝或顾客进行互动，通过该款式潜在顾客对其评价及好感程度确定订货与否、订货尺寸、颜色、数量等。

B. 买方预购

买方预购通常运用于定制性的网站或品牌产品，通常可预购的款式由顾客提出一定的要求，如颜色、款式、尺寸等，并提前支付一定的预购金额，再由卖方买手去进行订货。这种形式也多出现在代购中，买方通常会提出想要购买的款式如×品牌的××款式，卖方通过自己的资源途径进行购买，并从中收取一定的佣金。

预购的方式能够有效地将进货变得更加高效与合理，并且买手能够通过预购的反馈及时对货品的比例、品类、数量、款式等的调整，从而为销售带来更大的机会与利润空间。

两种预购方式的优劣势比较见表4-5。

表4-5 不同预购方式的比较

预购方式	优　势	劣　势
卖方预购	① 可以根据潜在客户的需求确定货品的比例、品类、款式及数量等 ② 提高销售量，使商品更符合顾客的需求，增加店铺利润 ③ 增加与顾客交流的同时也增加了店铺的宣传量	① 部分商品品牌方不允许提前曝光

（续表）

预购方式	优　势	劣　势
买方预购	① 能够根据自己的喜好购买适合自己的商品	① 需要一段时间后才能得到预购的商品 ② 一旦预购，尺寸、款式与颜色不能更改

4.3.4.2　拼单

拼单是买手在订货过程中，若交易额达不到品牌供应商规定的交易额时，则可以与其他买手一起购买，共同拼单，达到品牌供应商规定的最小起订量。

4.4 付款、物流、报关

4.4.1　付款方式及流程

4.4.1.1　国内支付方式

A. 现金支付

现金支付一般针对现货交易，如中国香港恒隆 Showroom 或普通批发市场等。一般此类交易量不会很大，不会出现巨额交易。现金支付也针对一些特卖会或内卖，这类交易一般有一定量的限制。

B. 转账

转账是较为便捷和常见的一种付款方式，转账分为银行转账和网上转账两种。银行转账较为传统，在确定收款人提供的存折账号、户名无误的情况下，付款人通过银行直接将钱款存入收款人账号就可办理。网上转账因其快捷性，越来越受到大众的青睐。网上转账时需要注意核对收款人账号和姓名，此外网上U盾的使用也对资金安全予以了保障。随着科技的发展，手机银行的出现也为转账提供了便利。

C. 其他支付

由于互联网的快速发展，目前有很多新的支付方式出现在人们的视野，如支付宝、微信付款等。随着手机付款的普及，如DFO Showroom等已经开始发展支付宝交易，买手可以将钱款汇到Showroom指定的支付宝账号，以方便顾客随时随地购货付款。

4.4.1.2 国际支付方式

在往国外汇款时，传统的方式有些条件下用不上，如开支票、转账(可能对方没有银行户头)，必须要用其他方式，至于选择什么方式，则要根据汇款目的地(欧元国家还是非欧元国家，发达国家还是发展中国家)以及汇款缓急程度这两个基本要点来决定。

A. 信用卡网上支付

原则上讲，在欧元区内可以寄欧元支票，但是其他国家不太习惯收支票。这时可利用信用卡在网上支付，当然需要通过网上安全支付系统，将信用卡上的16位数字和卡背后印证码的后3位数字填上即可。

B. 银行转账

如果收款人在国外有银行户头，最简单的方式是通过银行转账(由您的账户转到收款人的账户)。银行转账需要国际银行账户号码(INTERNATIONAL BANK ACCOUNT NUMBER,

IBAN)确认收款人的账户以及银行确认码(BANK IDENTIFIER CODE, BIC)以此确认户头所在银行。如果您知道这两个关键信息,汇款就很容易,而且费用低。

C. 邮局国际信汇

邮局国际信汇(MANDAT POSTAL INTERNATIONAL)全球通行,但是比较慢。这种办法在银行转账行不通时是汇现金的好办法,邮局遍布全世界 150 多个国家。例如,您只需要去法国的任何一个邮局填写国际信汇单即可,信汇单将寄往您选定的当地邮局,由您负责通知收款人,并告诉收款人确认号码,以便领取汇款。

4.4.2 物流选择和注意事项

对于买手店买手而言,将货品安全、准确地运送到规定客户是非常重要的一项工作。若要出色地完成这项工作,不仅需要准确地选择运送物流的方式,还需要关注在运送过程的各个环节——关注国内外出货的异同。对于不同的进货渠道会有不同的物流选择及运输方式,在此,依据设计师品牌买手店与 Showroom 合作这一方式,探讨不同的物流及运输方式。

4.4.2.1 物流选择

近年来我国服装行业的发展伴随着改革与突破以及 O2O 等新模式的出现,诸多服装企业或是买手店正在发展线上、线下协同的产业渠道。服装进货渠道方面,一些国内服装企业或买手店开始引进国外货品,在一定程度上影响着服装物流方式的变化与成长。现代物流依靠强大的信息网络、专业化的运作模式、高效率的配送系统以及全方位的服务模式,在提高产品流通效率和降低企业库存成本方面展现了出色的效用。现代物流的发展成为服装商业运营中的重要组成部分。随着现代物流管理理念、方法、技术的进步和广泛应用,不同服装企业开始关注和选择相关的物流系统。

对于国内买手店而言,由于大部分买手直接采购成衣进行销售,所以不仅需要了解品牌供应商的商品质量,还需要选择合适的物流途径,以使商品能够准确、安全、准时、无误地运送到指定的地点或客户。买手店货品的物流途径主要有四种合作方式:大型物流公司、Showroom 物流系统、自主寻找货代、品牌供应商物流系统。

A. 大型物流公司

随着物流行业的兴起与发展,物流公司的流程越来越规范化与专业化。很多大型物流公司会根据顾客的需求制定相应的运输方式以供顾客选择。通常而言,物流是指物质实体从供应者向需求者的物理移动。它由一系列创造时间价值和空间价值的经济活动组成,包括运输、保管、配送、包装、装卸、流通加工及物流信息处理等多项基本活动的集成。由于服装企业本身的原因,物流具有自身的特点。买手在选择物流公司合作时,应当注意服装商品的特殊性,需要在运输过程中注意:

a. 系统性。所有的商品应当按照相关规定分类并根据数量及品类装箱,每个运送箱内应有专业的装箱单及运输标识。

b. 快速性。由于服装产品具有一定的季节性,所以商品必须在上货季前若干个工作日运送到指定的仓库,以方便买手进行货品统计及上货计划。

c. 安全性。服装商品属于容易损坏类物品,所以需要与物流公司签订相关合同、以保证货品在运送过程不会因为客观或主观因素受到损害。

B. Showroom 物流系统

Showroom 为了适应买手店的发展也在开拓物流衍生业务，以方便买手店的订货，增加特色服务和竞争优势。以 DFO Showroom 而言，DFO 为了节省客户选择物流的时间和精力，与第三方合作衍生物流配送服务，尤其适用海外进货的商品，并根据不同客户的需求制定不同的物流方案，力争客户下单后商品能尽快送达需求方。通过聘用专业人士全程参与跟单流程，并及时将物流信息反馈至买手店。这种方式高效、快捷，并在一定程度上节省了买手的时间和费用。

C. 自主寻找货代

货代是货运代理的简称，是指货主与承运人之间的中间人、经纪人或运输组织者通过流通机构专门为货物运输需求方和运力供给者提供各种运输服务业务的总称。从工作内容来看是接受客户的委托完成货物运输的某一个环节或与此有关的活动，涉及这方面的工作可直接或间接地由货代来完成。货代面向全社会服务，是货主和运力供给者之间的桥梁和纽带。在我国，国际货运代理是一种新兴的产业，属于国际贸易和国际货物运输之间的共生产业或边缘产业。

寻找合适的货代，如国际货代能承担代理报关业务，节省买手诸如报关等非擅长的工作时间。当国内的收货人有境外货物到达时，货代为其提供进口服务，代理向海关办理报关清关，提供进口所需单证，如报关单、提单、装箱单、商检证明、商业发票等。

D. 品牌供应商物流系统

有一定规模的成熟型设计师品牌一般会有自己的物流部门或合作的物流公司。品牌供应商的物流部门通常会在品牌货品进库之后与买手店联系，确定收货地址和联系方式后进行物流配送。品牌供应商的物流通常拥有特定的运送方式，并收取一定的佣金。

4.4.2.2 注意事项

随着国内物流行业的发展，为了争取更大的市场与竞争优势，物流公司相继推出众多优惠政策和相对便宜的运输方案以供客户选择。买手应当学会透过看似华丽的宣传表象，看到物流公司的实质，了解其真正的运输途径及方式，而不应贪图便宜徒增风险。

a. 安全性。要求确保服装商品在运输过程中无任何人为或非人为的损失，如货品的遗失、损害，或由于天气的原因发霉、曝晒、掉色等。

b. 规范性。物流公司的规范性基于完善的管理及操作机制。成熟的物流公司往往有一套相对完善的管理机制及规范的操作步骤。买手可以从一些细节观察该物流公司是否规范，如：是否拥有准确且详细的装箱单、是否有运送单及运送代码、包装是否完整、运送过程中的装备是否齐全等。

c. 系统性。具有系统性管理的物流公司能够为顾客节约很多的时间。它们可以根据自己的专业水平及顾客实际需求为顾客制定一套相对合理的物流方案，其中不乏委托报关、货物临时托管等。

d. 及时性。由于服装商品具有季节性，所以对物流的要求相对较高，需要物流公司能够及时、准确地将商品运送到指定的公司、仓库或店铺。这就要求物流公司具有强大的硬件支撑，具有应对需要快速运达的运输设备或合作方式。

◆**小知识** **报　关**

(1) 什么是报关

报关是指进出口货物收发货人、进出境运输工具负责人、进出境物品所有人或者他们的代理人向海关办理货物、物品或运输工具进出境手续及相关海关事务的过程，包括向海关申报、交验单据证件，并接受海关的监管和检查等。报关是履行海关进出境手续的必要环节之一。报关涉及的对象可分为进出境的运输工具和货物、物品两大类。由于性质不同，其报关程序各异。货物和物品报关应由收发货人或代理人，按照货物的贸易性质或物品的类别，填写报关单，并随附有关的法定单证及商业和运输单证报关。如属于保税货物，应按“保税货物”方式进行申报，海关对应办事项及监管办法与其他贸易方式的货物有所区别。

(2) 报关单证

进出口商向海关报关时，需提交以下单证：

① 进出口货物报关单。一般进口货物应填写一式两份；需要由海关核销的货物，如加工贸易货物和保税货物等，应填写专用报关单一式三份。货物出口后需国内退税的，应另填一份退税专用报关单。

② 货物发票。要求份数比报关单少一份，对货物出口委托国外销售，结算方式待货物销售后按实销金额向出口单位结汇时，出口报关可准予免交货物发票。

③ 陆运单、空运单和海运进口的提货单及海运出口的装货单。海关在审单和验货后，在正本货运单上签章放行退还报关单，凭此单证提货或装运货物。

④ 货物装箱单。其份数同发票。但是散装货物或单一品种且包装内容一致的件装货物可免交。

⑤ 出口收汇核销单。一切出口货物报关时，应交验外汇管理部门加盖“监督收汇”章的出口收汇核销单，并将核销编号填在每张出口报关单的右上角处。

⑥ 海关认为必要时，还应交验贸易合同、货物产地证书等。

⑦ 其他有关单证。包括：经海关批准准予减税、免税的货物，应交海关签章的减免税证明；已向海关备案的加工贸易合同进出口的货物，应交验海关核发的“登记手册”。

(3) 报关流程

A. 自理报关单位录入业务流程

a. 自理报关单位持“报关单录入”权操作员卡的操作员进入中国电子口岸“报关单录入”界面，可先下载该企业征免税证明、加工贸易手册或加工区备案清单后，脱机录入报关单数据（数据暂存在本地数据库）。

b. 录入并提交后将录入的报关单数据信息上传到数据中心，进入自理报关审核申报业务流程。

B. 自理报关审核申报业务流程

自理报关单位持“报关单审核申报”权操作员卡的操作员进入中国电子口岸的“报关单审核申报”界面，对报关单的逻辑性、填报的规范性进行审核，确保报关单可以向海关进行申报。若审核不通过，则需要将报关单下载本地进行修改，修改后的报关单需重新上载到数据中心，并且需要重新进行审核。审核通过后进入自理报关申报确认业务流程。

C. 自理报关申报确认业务流程

a. 自理报关单位持“报关单申报确认”权操作员卡的企业管理人员进入中国电子口岸“报关单申报确认”界面，对报关单进行确认申报操作，经“申报确认”后的报关单通过公共数据中心传至海关内部网。如果申报确认时认为报关单的填制不符合逻辑，需要将报关单数据下载到本地进行修改，修改完毕之后需要将数据重新上传到数据中心，并且重新进行审核和申报确认。

b. 自理报关单位打印出经海关审核通过的报关单，并携带其他单证去海关办理其他通关手续。

D. 委托报关

委托报关的机构或企业有：

a. 专门从事报关服务的企业，即专业报关企业。

b. 拥有对外贸易仓储、国际运输工具、国际运输工具服务及代理等业务，兼营报关服务业务的企业，即代理报关企业。受理委托报关的单位代理办理的报关手续，包括：报关单录入时的备案数据下载协议、报关单审核委托书、报关单申报委托书或报关单审核申报和申报确认委托书。并向海关出具委托单位的报关委托书。

有权进行代理报关业务的单位可在网上接受并确认委托单位的报关委托申请，并在备案数据下载协议和报关委托书的授权范围内代理委托单位网上办理相应的报关业务。

(4) 报关注意事项

① 进口单证(装箱单、发票、贸易合同)等所有单证必须与实际货物一致。

② 装箱单、发票、贸易合同等单证上的货物品名一定要一样并且和实际货物的品名一致。

③ 装箱单上的货物重量和数量要与提单上的一致,并且与实际货物一致。

④ 合同要有合同号,发票要有发票号。

⑤ 是木质包装的需要在木质包装标示 IPPC(国际木质包装检疫措施标准)。

⑥ 从韩国和日本进口货物,还要有非木质包装证明。

5

如何卖货

5.1 推广

5.1.1 网络推广

5.1.1.1 微博、微信

“互联网带来人人参与的粉丝时代，用户群的话语权不断增强……粉丝对企业的重要性达到了前所未有的高度”。忠实粉丝可以直接促成店家或商品的口碑传播，从这一点上来说，服装设计师品牌买手店应充分重视社会性网络服务(Social Networking Services, SNS)的使用，聚粉成为必然。目前，大众使用较多的SNS，如微博、微信、QQ等，都是有效的推广、营运工具，且各有优势。

相对来说，微博表现出更多的媒体特质，传播面广，社会影响力大。微博用户群体之间是一种弱关系，以兴趣、事件维持人际圈。而微信则具有沟通、交流的属性，信息仅在相对封闭的人际圈中传播，用户群体之间关系紧密，是私密性的朋友圈。相对于众多微博的“僵尸粉”来说，微信用户拥有更高的用户黏性。

买手店若要进行广泛、迅速的品牌曝光和推广，微博肯定是第一选择；而如果店铺期望对用户进行精准营销，注重用户体验并且进行良好的客户关系管理，那么微信要强于微博。因此，店主在两个平台的选择上需要扬长避短，把SNS工具作用最大化。

◆小知识　　微信推广流程

(1) 建立公众号

微信公众号主要有订阅号和服务号两种类型(有时还包括企业号)。订阅号用于向用户推送信息、资讯,而服务号则主要用于为用户提供服务,具有微信支付、微信小店(实现对商品、库存、订单等的管理)和卡券等功能。对于买手店而言,需要至少 1 个服务号和 1 个以上的订阅号,用以达到不同帐号负责不同功能和不同客户群体的目的。

(2) 聚粉

微信公众号的粉丝获取主要有两种方式:一是将个人账号的粉丝导向公众号,二是利用店铺官网、QQ 群、微博、论坛社区、微信导航站等向外部进行粉丝征集。

店铺可以准备印有店铺名称、地址、联系方式以及微信二维码(必要时同时放置微博码)的名片(名片可以设计成书签、卡套等实用形式)赠送给来店消费的顾客,以便增加获取顾客朋友圈关注的可能性。通过朋友圈传播,店家也可以以关注公众号获取消费券的形式吸引更多的粉丝加入,积极寻求潜在的优质用户。

店铺也可以在收银台准备印有二维码的台卡,引导顾客通过扫描二维码关注店铺的公众号成为店铺会员,以进一步获取新货、促销和活动信息。

(3) 商品推广

利用微信公众账号,可以发布店铺最新商品和促销信息、搭配技巧并与粉丝互动,以增加店铺的用户黏度,也可以用于宣传企业形象和商业活动，组织线上线下会员活动。建立在微信框架下的第三方工具（如微盟、微店、有赞等）可以帮助店主创建微信官网、微信商城以及实现会员卡管理。使用“微信支付”的商家需要缴纳一定费率的手续费，详细内容可参考腾讯官网的有关说明。

5.1.1.2 电子邮件推送（Email Direct Marketing, EDM）

在移动互联网十分发达的今天，EDM已不再是主要的网络营销方式。但对于偏重时尚的买手店来说，EDM图文并茂，并以精美的网页形式向目标客户展示推送内容，因此仍然具有积极的意义，国内外诸多知名时装品牌都将EDM视为重要的推广形式（图5-1）。

图5-1 DFO Showroom EDM

一般来说，EDM基于HTML（Hyper Text Markup Language，超文本标记语言）开发，但与目前主流网页的构造语法稍有不同。为了使EDM能在绝大部分邮箱客户端正常显示，EDM一般使用Table结构，配合内联样式（CSS）制作，不使用JS代码（Javascript编写的脚本文件的代码），页面代码力求简洁、尽量缩小体积。

由于EDM多为群发，普通邮箱单次发送过量地址易被封号，因此一般会使用第三方邮件群发工具。店铺群发邮件的致命缺陷是容易与垃圾邮件广告混淆，从而引发客户反感，同时也很容易因标题带有敏感关键字而被邮件客户端过滤，最终使邮件推广的效果大打折扣。所以，EDM的推送地址必须要精准。换句话说，目标客户的邮件地址必须是经过店铺收集和整理的针对性资料。

5.1.1.3 网站广告投放

如果店铺拥有自己的网站（作为O2O的线上环节），那么在目标网站投放图片横幅广告（Banner）是十分必要的。很多中小企业网站在使用搜索引擎优化（SEO）进行推广时都会尝试采用成本较低的竞价广告（例如：Google Adwords和百度推广）进行精准投放、按照广告展示效果付费。

5.1.2 媒体公关

5.1.2.1 传统媒体

虽然近年来社会化媒体兴起、平面纸媒日渐式微，但作为行业的意见领袖，传统的电视、报刊杂志仍然拥有相当的话语权。尤其在时尚行业，得到传统主流媒体的认可和宣传，对于买手店提升自身的业内高度十分重要。现今，国内重要的时尚媒体，如*VOGUE*、瑞丽、悦己、观潮等拥有自己的网站和移动APP（移动应用服务）。同时，积极联系传统媒体对商家进行新闻报道、软文推广（原生广告的一种体现）以及策划互动活动。当然，相对社会化媒体（Twitter、新浪微博以及自媒体手段等）来说，传统媒体公关具有一定的成本，买手店要量力而行。

5.1.2.2 KOL(Key Opinion Leader,关键意见领袖)自媒体

除了微信朋友圈信息互转之外,KOL 微博大号直推是比较有效的自媒体公关方式。

在营销学中,KOL 通常被定义为拥有大量产品信息资源,为特定群体所信服,并对该群体的消费行为有较大影响力的人物。在时尚行业的微博营销中,KOL 博主拥有广泛的号召力,粉丝数量惊人,每条博客的浏览量以数十万次计,其影响力与主流时尚媒体不相上下。百货商店、时装品牌以及服装零售商往往与 KOL 博主合作互动,例如邀请 KOL 博主看秀、发表软文广告、上传他们穿搭品牌服装的图片和视频。2015 年 3 月,美国高档百货商店 Lord & Taylor 为推广新款服装,付费邀请 50 余位时尚领域的 KOL 在各自的 Instagram 账号上发布穿同一款裙子的照片,引起了粉丝的广泛关注。该系列的裙子在当期周末全部售罄——KOL 的导向作用可见一斑。甚至还邀请他们参与设计服装。2014 年 12 月,年仅 4 岁的时尚博主 Mayhem 受聘成为 J-Crew 的童装设计师,一时引发热议。因此,服装设计师品牌买手店店主在推广自己的店铺时不妨与 KOL 保持良好的合作关系,并在恰当时机邀请 KOL 参与店铺或官微、公众号的营销推广。

5.2 陈列

陈列(Display)是“以视觉展示为表现手法,对品牌商品在时

间、空间、表达方式(陈列手法)上进行整体的规划",又称视觉商品陈列(Visual Merchandising Presentation)或视觉营销(Visual Merchandising, VMD)。但同时陈列又具有行为属性,即通过空间规划以及商品组合技巧提升商品的价值感、顾客的购物体验,进而引导消费。

美国著名设计师拉夫·劳伦(Ralph Lauren)曾宣称:"我销售的不仅是服装,还是一种精神追求、一种视觉上的体验"(We don't only sell clothes, we are selling a dream and a vision)。而美国女星宝黛丽(Bo Derek)则更为直白:"如果你认为金钱买不到快乐,那是因为你不知到何处购物"(Whoever said money can't buy happiness simply didn't know where to go shopping)。显然,时尚消费的过程已不仅是物质上的交换,同时还是感官的体验,是人们生活方式的表达。而陈列则是店铺终端营造良好购物体验的基础,对强化顾客的品牌认同感、扩大品牌知名度具有积极意义。

5.2.1 陈列的风格、氛围与主题

5.2.1.1 风格

买手店的视觉陈列设计风格取决于店铺品牌本身的市场定位与理念,而买手店的美学风格又与其所售卖的商品紧密相关。因此店家需要根据商品的市场定位确定店面风格,例如现代、复古、未来、自然主义等。

值得关注的是,由于时装行业与当代艺术频繁跨界合作,使得现今定位高档的买手店在装修和空间布局上多倾向于美术馆、艺术画廊的风格:简洁空旷的陈列空间,少量的服装,错落有

致摆放包袋、珠宝、鞋履搭配、跨界艺术作品、收藏或日用精品等。例如英国伦敦东区的品牌集成店 LN-CC（Late Night Chameleon Café）就曾邀请多名当代艺术家为其设计店铺空间。Gary Card 为其设计的有如太空舱般的入口长廊使用了白色 LED 灯光与可回收的树脂材料，具有未来风格，本身也是一件艺术装置作品（图 5-2）。

图 5-2　LN-CC 店铺的几何长廊

来源：http://www. ln-cc. com

◆小案例　　Capsula 的超现实风格

布达佩斯 Capsula 买手店的庞大空间通过简洁的流线型曲面表达未来风格，具有反光特性的黑色地板与白色墙面漆在丰富视觉感官的同时，也与时尚本意达成一致（图 5-3）。Capsula 店铺内的黑色罗马柱与现代化的室内空间在时空上形成互动，具有超现实意味，同时又把店铺内部风格融合于 Capsula 所在 Andrassy 大道的古典街景之中。

图 5-3 Capsula 店铺内景

来 源：http://www.archdaily.com/189554/capsula-multibrand-store-sandor-gocsei-and-eniko-korompay/

5.2.1.2 氛围

好的买手店不仅在视觉上令消费者印象深刻，还要在心理上拉近店铺与目标顾客的距离，这就要求店铺通过恰当的氛围表达店铺商品的风格以及目标顾客的生活情趣。氛围的营造是色彩、灯光、道具等多种因素综合作用的结果。

A. 色彩

鉴于对色彩的审美情趣、避免频繁更换流行色以及突出服装陈列的考虑，买手店的店铺空间建议采用黑、白、灰一类的无色系搭配，通过单色系的明度变化表达不同的店铺风格。例如明快、高调的空间环境显得优雅、浪漫，令人心情放松、愉悦；而灰暗、低调的空间环境则具有神秘、高贵的特征。相对来说，浅白色的空间更受人欢迎，也易于把握整体效果。在具体设计中，黑白灰单色配合一些偏暖的中性色彩，并且使用未经修饰的水泥、原木、鹅软石、废旧工业零件等具有单色属性的材料用来丰富店铺整体色调的质感。意大利买手店 ANTONIOLI 综合利用镜面、玻璃、金属、水泥等一系列视觉元素，配合精致的重点照明手段营造暗黑系风格（图 5-4）。比利时安特卫普的设计师买手店 RA，在明快

图 5-4　ANTONIOLI 店铺内景

来源：http://www.whiteshow.it/blog/2011/09/white-presents-white-pony-rocco-bag-by-alexander-wang-antonioli/

的店面空间中增加了原木的色彩因素，视觉上传达给消费者一种自然、环保的信息。

B. 灯光

灯光照明兼顾实用和审美的双重功能。精彩的灯光效果可以烘托店铺的环境氛围，起到吸引顾客注意力的作用。

设计店铺陈列时，应当对灯光进行归类。环境光用来照亮全局，最好能充分利用自然光线（图 5-5）。封闭的室内环境可以使用均匀布局的细管荧光灯（高色温）或白炽灯、卤素灯（低色温）进行基础照明；使用射灯、聚光灯对需要主推的商品或重要区域进行重点照明，以突出商品个性。另外还可以使用装饰性背景照明渲染店铺的独特氛围，使店铺光线富有层次感。

图 5-5　美国买手店 Alchemist 的自然光照明

来源：http://shopalchemist.com

由于时装的特殊性，其色彩、款型、材质等属性要求灯光照明具有较好的还原商品真实色彩的能力（显色性），因此买手店铺应尽量采用显色指数较高的光源（$Ra>90$）。各类光源的显色性能对比见表 5-1。

表 5-1 光源显色指数分类

显色指数（*Ra*）	质量分类	光　源
100～75	优	白炽灯、卤钨灯、部分金属卤素灯、日光色荧光灯、卤钨灯等
75～50	一般	白色荧光灯、部分金卤灯
50 以下	劣	高压汞灯、高压钠灯

来源：李志杰，李倩倩．光源的显色性理论[J]．光源与照明，2008.

灯光设备选择使用别致精巧的灯具可作为装点店铺的道具，增加店铺的艺术气息（图 5-6、图 5-7）。当然，店铺的外部效果如：门面、招牌、橱窗的照明，对于塑造店铺形象、烘托卖场氛围也很重要。

图 5-6　ANTONIOLI 的照明吊灯

来源：http://www.saiindustry.org/en/portfolio/negozio-milano-navigli/

图 5-7　英国买手店 Celestine Eleven 的精致灯具

来源：http://5inchandup. blogspot. com/2013/08/celestine-eleven. html

C. 道具

技艺精湛的手工艺品、画作或者经典，怀旧的招贴、时装照片都是装饰店铺和丰富视觉体验的有效道具。与商品特质和价格定位相协调的装饰品是店铺内部陈设的有机组成部分，起到阐释买手店品牌理念的作用，同时也为店铺营造氛围和情调。美国买手店 Linda Dresner 创办人 Linda Dresner 希望为客户带来风格截然不同、稀奇独特的商品，于是寻遍世界各地将包括来自非洲的珠子、巴西制作的椅子、古董及人体模型等无数宝物收纳于店内；而身兼店主与设计师的 Kelly Wearstler 则将她的旅游体验带回精品店，将商店打造成如同其生活风格的缩影，除了售卖时尚货品外，还设有香水工作室、古董家具，甚至连个人设计的商品也陈列其中。

5.2.1.3 主题

主题的设定可以来源于店铺自身（例如名称、Logo 图形、色彩等），也可以与流行趋势结合起来，按季节变化制定不同的主题计划。

买手店在视觉上首先应设计自己的品牌标识、标准色彩、销售人员着装以及统一视觉样式的名片、吊牌、衣架、购物袋、礼品盒、产品册（Catalog）等，即合理运用 VIS（Visual Identity System，视觉识别系统）概念，以便在商品陈列、橱窗设计、店面装修等方面打上买手店独特的品牌烙印，体现独一无二的品牌文化。

买手店的陈列设计在视觉上追求美的体验。但所谓的美感未必是将一堆美的个体进行杂乱无章的拼凑，而是通过统一的视觉主题向顾客展现（图 5-8）。例如：巴黎买手店 Colette 的 Logo 是极度简洁、抽象化的两个宝蓝色波点，其店铺橱窗、包装袋以及店铺陈列的设施，有以规则或不规则排列的圆点作为装饰因素，也有以标识中的蓝色为基础色彩进行设计（图 5-9）。而各大知名品牌联合 Colette 推出的限量版产品也时常出现 Colette 经典的蓝色波尔卡圆点图案（如 Adidas、Nike 等）。

同样以圆点为设计元素的还有 10 Corso Como。这家著名的买手店对 Logo 中的手写圆点（环形）元素在色彩、图形、质感上进

图 5-8　伦敦买手店 Darkroom 的橱窗 Logo 及手册

来源：http://www.darkroomlondon.com；http://www.multistorey.net/Darkroom

图 5-9　巴黎买手店 Colette 的视觉形象

来源：https://www.officetwelve.com/colette-x-stan-smith-windows-paris/
http://www.aures.com/us/news-hardware-pos-retail/odysse-epos-terminals-at-colette/
http://www.vogue.com/870167/paris-surprise-colettes-goodie-bags/

行了充分的延伸和意象化，这些圆点由黑白到彩色，从内外墙面装饰到商品包装，无处不在，有的用绘画形式表现，而有的则通过装饰材料展示，疏密关系和层次恰到好处(图 5-10)。

图 5-10　10 Corso Como 的视觉元素

买手店的主题规划同时还体现在店铺的经营理念上，即通过增加店铺品牌的衍生产品、艺术品、高科技产品、收藏或跨界服务吸引顾客驻足，同时也为店铺营造一种浓厚的文化艺术氛围。例如，在英国买手店 LN-CC，除了服装，顾客在店内还能看到时尚、艺术与摄影等相关的书籍以及具有收藏价值的音乐专辑与黑胶唱片。

5.2.2 陈列空间布局方法

买手店铺因为经营规模大小不同，每家店铺的平面结构也不尽相同，但总体上应当由商品空间、顾客空间和店员空间三部分构成。

商品空间应主次分明、错落有致，简洁优雅。店家应通过实地观察分析客流走向，在陈列空间上确定陈列面向、视觉焦点，并将视觉焦点用作主推商品的陈列区域。

顾客空间用于浏览商品，是顾客在店铺中行走、活动的通道，要与店铺的动线设计结合起来。利用动线进行陈列布局，可以起到方便顾客选购，延长顾客停留时间，扩大关联产品销售的作用。顾客通道应当清晰有序，保证顾客走完一圈即能看遍所有商品，宽度不宜过窄，狭窄的通道会带来糟糕的购物体验。

试衣间的舒适程度客观上会影响顾客的购买决定，因此十分重要(图 5-11)，应保持舒适、干净，并提供舒适座椅。

建筑面积富余的买手店可设计顾客的休息空间。吧台、咖啡、高档酒水、时尚杂志或店铺的 Catalog 以及可以上网的 PC 或 Pad 都是不可或缺的。休息区不仅是顾客休息的场所、也是与店员互动的区域，同时还可在空间上分割不同风格的服装，使店面在视觉上产生节奏感(图5-12)。

图 5-11 Ulf Haines Store Berlin 试衣间

来源：http://news.diephotodesigner.de/?m=200508，Photosincooperationwith Dirk Daehmlow.

图 5-12 Celestine Eleven 的酒吧

来源：http://5inchandup.blogspot.com/2013/08/celestine-eleven.html

5.2.3 商品陈列方法

5.2.3.1 服装品牌组合

不同品牌商品可以依各品牌每季的主题个性与共性混搭。但风格迥异与价差太大的服装应避免陈列在同一个区域。

为顾客准备必要的品牌及产品介绍。店铺可以在进货时向品牌提供商索取纸质或电子产品目录,也可以按期制作宣传手册或产品目录,这种方法有益于增进顾客对店内品牌及产品的了解以及店铺的对外传播(图 5-13)。

图 5-13 Karl Lagerfeld 概念店的 Ipad 设备

来源: http://fashion-editor. blogspot. com/2014/03/inside-karl-lagerfelds-new-london-store. html

5.2.3.2 服装挂装陈列

服装陈列应选择合适尺寸展示,正挂、侧挂结合。同一挂通(龙门架)上的服装,款式由短到长、颜色由深到浅、质地由薄到厚、造型由简单到复杂。为突出搭配后的效果,可将上下装搭配吊挂:上衣多的挂通上吊挂下装,排列顺序是上衣在前,下装在后；下装多的挂通上吊挂上衣则相反(图 5-14)。

图 5-14 柏林买手店 Ulf Haines Store 挂装陈列

来源：http://www.lux-eleven.com/stores/ulf-haines.htm

每个挂通第一件应陈列重点单品，以上装(T 恤、衬衫或外套)为主，下装(裙子、长裤)次之，尽量避免深色。

根据平衡与对称的原则，最长的单品由最中间开始陈列。亦可以使用重复方法，使服装在色彩、长短上错落有致，富有节奏感。

在店面空间的总体陈列规划上，色彩明度高(颜色较浅)的服装组合可以放在店铺内面向顾客的靠前位置，反之则向后摆放，以增加店铺的空间感。

新品到货初期货量不足时，可对称重复陈列同款不同尺寸的服装，尺码由前向后、从小到大排列。

5.2.3.3 服装人模陈列

人模陈列用于营造店铺内部卖场的视觉聚焦点，可以将服装的细节以及搭配效果充分、形象地展示出来。人模陈列需要布置在店铺中最显著的位置，以吸引顾客视线，也可以与开放式橱窗设计结合起来，最大化利用店面空间。

人模上出样的服装，应是店铺重点推荐款式或当季新品，要与鞋帽、配饰、腰带、包袋进行搭配，使顾客对陈列商品获取感性认识。人模穿着的服装要与相邻近的衣杆、货架或展台的陈列服装同系列，风格与配色相呼应。

选择材质、形式上具有创意的个性化人模（图5-15），搭配符合主题需求的道具（图5-16）或背景，衬托和营造店铺整体风格和陈列氛围。若要了解最佳的陈列展示设施和方案，买手店可以关注每年一度的美国零售业联盟展（National Retail Federation，NRF），该年度展是美国历史最久的商店卖场设计、店铺陈列设施、视觉营销及店内行销行业的专业展会。

图5-15　LN-CC的人模陈列

来源：http://www.meredithphoto.com/portfolio/commercial_interiors.html

图 5-16　LUISAVIAROMA 的橱窗人模

来源：https://joshuadrewyou.wordpress.com/tag/neil-barrett/

图 5-17　英国买手店 HostemWomenswear 的货架

来源：http://stylebubble.co.uk/style_bubble/2013/12/a-look-at-hostem-womenswear.html

5.2.3.4　配件陈列

可以使用展台组合陈列鞋帽、包袋、首饰、皮夹等服饰配件，各类商品应摆放整齐、有序，并根据风格加以区分。折叠服装以组合搭配的形式穿插在服饰配件中，按照折叠厚度整齐摆放 2～3 件。使用展台陈列的商品，总体数量不宜太多太杂，以免降低商品的价值感（图 5-17）。

如果售卖的包袋、鞋子种类和数量较多，则可考虑使用货架或橱柜进行陈列（图5-18），货架高度要以顾客拿取商品的方便性为考量，80～120 厘米为陈列的黄金区域。

图 5-18　ANTONIOLI 的鞋类货架

来源：http://avantraw.com/antonioli-milan/

无论何种方式，服饰配件都需要利用局部小空间、小细节衬托商品美感。例如：灯光上强调局部重点照明；利用富有视觉反差效果的衬托物（如将首饰置于色彩反差明显的粗布、朽木、石材等道具元素上），强调鞋包或首饰的质感（图 5-19）；为商品特别订制精致展柜或展架(图 5-20);空间上利用展台或道具营造高低层次,平面商品置于前方,体积较大的商品置于后方,形成视觉上的节奏感(图 5-21)等。

图 5-19　Celestine Eleven 的饰品陈列

来源:http://5inchandup.blogspot.com/2013/08/celestine-eleven.html

图 5-20　安特卫普买手店 RA 的饰品展柜

来源:http://www.bcxsy.com/galleries/objects-kaleidoscope-cabinet/attachment/exif_jpeg_picture-69/

图 5-21　丹麦买手店 HenrikVibskov Boutique 的中岛展台

来源：http://blog. henrikvibskovboutique. com/2014/12/press-henrik-vibskov-boutique. html PHOTOGRAPHY by INEZ DAWCZYK

5.2.4　橱窗设计

橱窗陈列有开放式、半开放式、封闭式三种主要形式。考虑到采光、店铺面积因素，开放或半开放式的橱窗对小型买手店来说值得考虑，此类橱窗在有限面积内保证橱窗展示的同时，兼顾了顾客在室外"窥视"店铺内部区域的需要。作为店铺的一部分，开放或半开放式的橱窗风格应与买手店的整体陈列风格一致，橱窗中展示的人模服装应与橱窗后的区域商品在风格或系列上相互映衬，形成一个整体(图 5-22、图 5-23)。

橱窗设计的重点：

a. 选取代表性款式进行陈列，橱窗展示的服装能代表买手店的整体风格。

b. 抓住视觉焦点，橱窗服装陈列应简洁、主题鲜明，强调主推款式。按季节、配合节庆设计橱窗主题，将人模搭配出与主题相匹配的整体造型。

c. 标注价格，以便顾客快速了解买手店所售品牌的价格定位。

d. 利用重点照明及辅助照明手段强化产品特征。橱窗照明的亮度要比店内高 3～4 倍，便于对过往顾客产生足够吸引力。

e. 运用多媒体手段（如 LED 显示器、背景音乐）使顾客从视觉、听觉双重角度感受店铺风格。

f. 保持橱窗卫生，做到一尘不染。

图 5-22　Celestine Eleven 开放式橱窗

来源：http://5inchandup.blogspot.com/2013/08/celestine-eleven.html

图 5-23 柏林买手店 Ulf Haines Store Berlin 开放式橱窗

来源：http://news.diephotodesigner.de/?m=200508，Photos in co-operation with Dirk Daehmlow

5.2.5 陈列管理

5.2.5.1 定期调整，保持店面的新鲜感

每周定期调整商品陈列位置，定期更换人模搭配（含橱窗

人模）；

每三个月更换橱窗主题；

每三个月变换可移动的陈列设施，并调整陈列配置。

5.2.5.2 折扣期间的陈列布局——促销

集中同一品牌，以品类（背心、T恤、衬衫、针织、短裤、短裙、长裤、长裙外套、大衣等）按顺序陈列，每个品类颜色由浅至深；

严禁将折扣商品与正价商品放在同一个挂通或同一区域；

折扣初期将正价商品置于后区，后期将正价商品置于前区；

使用POP海报、折扣牌，明晰标示折扣方式。

5.3 店铺管理及顾客服务

5.3.1 服务流程管理

店铺服务的内涵不仅包括店员向顾客推荐商品、提供试穿（戴）、修改（裤长）等服务，还体现在顾客购买付款后的一系列售后服务行为，最终实现满足顾客需求和销售（包括回头客的重复消费）目的。

优质的服务不仅包含了导购员的行为因素，即真诚的态度、亲切的语气、专业的知识、灵活的技巧，还应体现一些细节的处置，比如销售人员的仪表着装（妆容、口腔卫生）、店铺环境整洁（如玻璃、橱窗、地板、层板等）以及商品完好状态（杜绝毛屑、皱褶，陈列富有逻辑）。

5.3.1.1　接待

导购员应在顾客由店外向店内看得到的区域内活动。低头工作时，要不时抬头留意是否有顾客驻足欣赏橱窗或显露欲踏进店内的意图，自然的等待与顾客的眼神交会并点头微笑。如果有顾客试图进入，则应及时放下手中的工作，双手拇指交叉自然垂放于前方，准备迎接顾客。

顾客进入店内时，销售人员应以亲切、柔和的声调打招呼，笑容自然得体。

保持与顾客约两步距离，面向顾客做简单的自我介绍。

细心观察顾客感兴趣的商品，耐心聆听顾客的需求，适时提供品牌及商品介绍（款式、面料、风格、特性和搭配等）。善于察言观色和分析顾客心理，以自然的聊天方式提出开放性问题，循序渐进地了解顾客的需求与喜好，并适时地为顾客推荐商品，鼓励顾客试穿。

◆小知识　　导购员的问候语

问候语，如："您好！欢迎光临××店"。注意问候语应与时间（如上午、下午、晚上）、节日、性别结合起来。

又如："您好，我是××，如果有任何需要，我都可以为您服务，请您先慢慢看"。

5.3.1.2　试穿

导购员复述顾客所需服装的款式及尺寸，将商品由衣架上拿下，解开所有扣子与拉链，邀请顾客至试衣间或镜子前（需清楚知道顾客试穿件数,注意清点数量)。在更衣室外备好供顾客选择的其他商品,顾客试穿过不考虑购买的商品可先收至柜台。

预测顾客所选商品呈现的效果,另外准备可以丰富其整体着装效果的服饰配件(包袋、首饰、鞋帽等)。

留意顾客随同朋友的意见。询问顾客是否合身满意,提醒顾客有无物件遗留在试衣间内。

5.3.1.3 修改

建议提供裤或裙的长度修改,婉拒顾客对服装做大幅的修改(变更原设计版型)。

客人将裤子或裙子穿上后,认为需要修改长度时,应主动替客人度量。

度量方法是将皮尺的零刻度贴准裤子腰头部位顶端,然后紧贴顾客腿侧边向下度量。当量至顾客脚踝处,应用持尺的手适度碰到顾客脚踝,询问顾客裤长改至此处是否合适,并以珠针在裤长或裙长的下摆中段处做标记。

填写修改单,顾客确认并请其签名,礼貌提示修改衣裤所需时间或取货时间。

服装完成修改后需再次确认长度,并熨烫平整。

5.3.1.4 结账

导购员与顾客在收银台(图 5-24)逐一确认商品件数、尺码、颜色及价格,解释商品的保养洗涤方式与退换货规则,然后双手接款、唱收唱付、先完成结账再进行包装,商品包装完成欲装袋时,再次与顾客清点数量。导购员帮顾客将商品提至门口,恭送顾客。在店铺门口附近的导购员也应向顾客礼貌道别。

图 5-24　Colette 的收银台

来源：http://hypebeast. com/2011/9/vahram-muratyan-paris-vs-new-york-exhibition-colette
(Photography by Karl Hab/HYPEBEAST)

5.3.1.5　售后服务

采用电话、短信或微信形式进行回访，回访时间可以设定在顾客消费后一周、半个月以及一个月。回访时应注意电话礼仪和招呼用语，务必让顾客感受到愉悦的心情，回访时间与内容参见表 5-2。

表 5-2　售后回访的时间及内容

回访时间	回访内容
顾客消费后一周内	服装、服饰洗涤、保养建议、搭配建议
顾客消费后半个月	询问穿着舒适度、对商品是否满意，解答顾客有关商品的疑问，认真记录顾客建议
顾客消费后一个月	对顾客建议进行反馈，推荐新款商品

5.3.2 VIP管理

“二八定律”(或称20/80法则)认为,20%的重要顾客可以为品牌创造80%的利润,另外20%的利润则来自80%的普通顾客。对于买手店的经营者来说,重视VIP(重要顾客)的管理十分重要。

5.3.2.1 顾客资料管理

顾客资料包括姓名、性别、地址、电话、Email等。导购员应详实记录顾客喜好及购买的商品。VIP顾客资料是店铺运营的核心资源,应由专人负责保管,严禁外泄。对于顾客资料,店铺要诚信为上,不主动提供其他顾客消费信息。

A. 获取顾客资料

导购员在店铺销售过程中,可通过销售货品时与顾客的交谈,询问掌握顾客资料。

请顾客协助填写店铺发放的VIP资料卡或服务意见表(导购员应确保表格信息的准确性),提议用二维码(店铺公众号)关注店铺信息,并说明目的是为了提供更多的后续服务,必要时可赠送小礼品表达谢意。

B. 使用顾客资料

除了对到店的顾客热情接待以外,导购员(或者店长)还需要利用电话、邮件、短信或微信等手段与VIP顾客保持经常联系,进行情感投资,以便维护好自己的客户资源。

联系内容包括:

新货推送(通过分析统计顾客消费记录,设定通知的优先顺序,VIP具有优先权);

促销活动(VIP具有优先权及折扣优惠);

商品出现质量问题时,第一时间通知顾客;

顾客所购服装、服饰商品的洗涤保养知识；

节假日问候(短信、电话或纸质精美贺卡)；

生日祝福(短信、电话或神秘礼物)。

5.3.2.2 VIP 制度制定

A. VIP 卡

办理 VIP 卡需要设定消费门槛，初次到店消费满一定金额即可办理 VIP 卡。VIP 办理机制要体现会员的个性化，最高级别的 VIP 要体现尊贵感。

VIP 卡通过不同的等级划分，享受不同的折扣优惠、预订优先权、保修(保养)或其他增值服务。对于年度累计消费金额较大的顾客，可在年末向其赠送礼包以示答谢。

销售人员在开单时应主动询问顾客是否是 VIP，以便给予顾客折扣。如客人未携带实体卡，导购员可通过核实电话号码、二维码扫描等形式确认顾客身份，确保其享受 VIP 待遇。

导购员需要在 VIP 顾客消费的购物票据背面注明会员卡号及姓名，与报账单据等一起由公司统一存档，方便积分核对。

B. 积分、折扣及优惠

VIP 卡可以累积消费积分，积分的获取可以通过消费金额转换，也可以在特定时间(如店庆、顾客生日)向 VIP 客人免费赠送。

通过一定的换算规则(如积分数除以 10 或 100)，积分可以兑换现金券或折扣券。店铺应主动帮助 VIP 顾客定期进行兑换，并将纸质券主动寄送给客人。

鉴于当今移动设备的广泛使用，店铺也可以根据业务需要，利用手机 APP 向顾客派发电子现金券、折扣券(节约成本、使用方便)。例如通过获取卡券功能权限，依据微信“卡包”(或其他第三方工具)向顾客派发代金券、折扣券、VIP 卡等卡券。使用微信“卡包”功能,可以避免顾客因为忘记带卡引起的使用不便。

5.3.2.3 线上线下活动

A. 线上活动

通过社会化网络工具为顾客构建在线互动、交流平台。利用微信朋友圈等强化店铺与顾客、顾客与顾客之间的关系,实现促进新顾客转向忠实顾客(VIP),提高营销效率。线上活动的形式可以是预订、抢购新品、过季商品特卖、派发红包或者协助店铺内部调研问卷等。

B. 线下活动

买手店除了向 VIP 顾客提供消费方面的优惠及服务,还可以定期举办线下 VIP 活动。活动本身可以与商品促销结合,也可以与之分离,如新品体验、演出、答谢酒会以及新年 Party,重要的活动应根据自身实力邀请时尚达人(VOL)及专业媒体一同参加,提升活动的影响力和曝光度。VIP 顾客有资格受邀参加以上各项公关活动。

无论线上活动还是线下活动,都可以采用“异业结合”的方式。前文所提到的 Lord & Taylor 与 Instagram 合作的营销活动就是一个典型案例(参见 5.1.2 媒体公关)。换个角度讲,前文所提到的现金券、折扣券也并非一定是本店使用的消费卡券,如能将店铺与其他行业消费结合起来,对顾客来说会更加实用、方便。

5.3.3 人力资源配置与培训

买手店线下环节需要配备必要的采购、陈列、销售以及管理人员(人事、财务、公关推广),线上环节则需要组建专业的网络营销团队，负责微博、微信的推广，培育粉丝群体。为节约人力成本费用，可以考虑身兼多职，或以兼职形式聘请。但导购员必须是全职员工，且应当具有专业的服装知识和销售技能。导购员配备应根据店铺经营面积大小进行合理安排(参见表 3-4)。

优质贴心且超出顾客期望的服务是店铺维系顾客（尤其是回头客）群体的重要保证。在日常经营中，店长要反复提醒导购员为顾客服务的重要性，要求其诚恳听取顾客的意见反馈，并将顾客满意度指标作为导购员绩效评估的一部分。

服务流程和标准是每个导购员必须遵循的准则，宗旨是向不同顾客提供一致的服务。统一的服务标准有助于建立企业的形象和口碑，提升顾客的满意度。

5.3.4 拓展 O2O 平台

易观创始人杨彬于 2013 年提出："互联网＋"企业的根本做法是企业要打好三大战役——卖货、聚粉、建平台。而所谓平台，不是指构建简单的 B2C 网站或卖货平台，而是把线上资源与线下资源进行整合，简而言之就是线上聚粉，线下体验、服务。从这个意义上来说，O2O 是目前实体店与互联网结合的首选模式。所谓 O2O 并非单指线上到线下或者是线下至线上，而是两者的紧密结合。对于高价位的服装、服饰商品而言，线下的体验（如试穿）尤其重要，O2O 考验的是店铺的线上技术水平，更考验的是店铺在线下的服务、拓展能力，是一个综合性的营销手段，两者缺一不可。目前，越来越多的买手店品牌（如 ASOS、Luisaviaroma）已经或正在建设 O2O 平台，拓展线上销售渠道。国内知名的买手店"栋梁"通过微信朋友圈进行客服和销售，据统计微信朋友圈已能贡献10%的销量。其他买手店的线上销售也几乎占到总营业额的10%。

◆**小案例**　　　　**Farfetch的APP营销**

著名的时尚买手店集成网站Farfetch在经营线上交易的同时，致力于为线下实体提供线上宣传平台，引导用户回归线下渠道购物。2014年9月，Farfetch推出首款APP应用——Farfetch Discover。消费者通过Farfetch Discover不仅能了解Farfetch在全球各地的合作商家位置，实现在线购买，还可下载全球多个城市旅游指南，其中包含顶级买手店推荐，免去了消费者安排行程的烦恼，增加了当地精品买手店的访客量。另外，Farfetch网站新增"点击领取"业务，即用户在线上完成产品订购，在线下实体店完成产品领取。用户可以在前往某个旅游城市之前，订购当地时装精品店的服装，并在抵达城市之后前往店铺亲自提取，这大大加强了线下用户的体验。

摘自：时尚买手店集成网站Farfetch取道O2O年销售额预计翻番. 华丽志，http://luxe.co/2014/11/25/. 2014-11-25.

对买手店来说，店家可以使用SNS工具（微博、微信等）或自有APP实现商品信息和营销活动推送，或通过移动端地址定位引导顾客进入门店线下体验、试穿、并实现消费。而后通过门店二维码扫描，收集新用户数据，将精准客户引流到线上平台，通过优惠券发放等线上活动培养增强关系客户群体，利用顾客评价实现店铺的口碑营销。

买手店采用O2O运营模式需要关注若干问题：

线上、线下商品信息资料是否对称；

会员线上、线下消费信息的累计是否同步在一个账户内；

线上、线下的销售人员如何分配店铺的销售利润；

应针对线上平台组建专业的技术和运营团队。

买手店选择建何种线上平台，要根据自身条件量力而行。从人力成本和维护成本的角度而言，自己开发一整套线上平台对小型买手店而言是不现实的，而比较可行的方法是借助第三方平台（微信、微店、B2B 网站等）实现 O2O 的线上功能。如果资金充裕，可以考虑建立自己的店铺官网或移动客户端。随着专业开发工具（如 APICloud、APPMaker）的出现，APP 开发的成本将逐步降低；网站方面，中小型网站普遍采用的 HTML5 标准以及 CSS+DIV 架构，很适合小型买手店开发轻便的自适应（适配 PC 端和移动端）网站，同时也可以为自有 APP 的开发提供方便。

6

案例分析

6.1 Joor Access 时尚买手互联网平台

6.1.1 基本信息

- **公司名称**:Joor Access
- **创立时间**:2010 年
- **创立地点**:纽约
- **创始人**:Mona Bijoor,本科专业为人类生物学,之后进入宾夕法尼亚大学沃顿商学院营销运营专业(MBA),2005 年毕业后先后在 Chanel、Elie Tahari、Ann Taylor、A Pea in the Pod 等公司担任战略企划、时装买手等职,2010 年根据自己在服装公司的买手经历创办时尚买手批发采购服务 B2B 平台 Joor Access。
- **公司地址**:作为时尚买手互联网服务公司,Joor Access 先后在全球五大时尚城市——纽约、巴黎、米兰、洛杉矶和悉尼设立了事务所,为繁忙的时尚买手提供全球化采购的直营渠道和专业服务。
- **品牌网站**:http://www.jooraccess.com
- **Facebook**:http://www.facebook.com/jooraccess
- **LinkedIn**:http://www.linkedin.com/company/joor
- **企业简介**

Joor Access 是一家为时尚零售商和品牌供应商批发销售和采买过程提供商品策划、线上沟通、推广、采购协助等服务的 B2B 电子交易平台,帮助采供双方降低沟通和交易成本,在数据分析的基础上，支持品牌商提高货品存销比的同时降低缺货风险，帮助零售商提高采买效率并及时补货。截至2015年8月，该网站拥有11.5万余家零售商买手用户和1 000多个品牌商用户。

- **发展历程**

2010年，Joor Access成立，专注开发为零售商买手提供批发采买服务的B2B解决方案。

2010年7月，获得Battery Ventures风投公司领投的230万美元A轮融资。

2012年9月，获得A轮跟进投资330万美元，实现平台年交易1.17亿美元。

2013年7月，获得Canaan Partners风投公司领投的1 460万美元B轮融资，三轮累积募集2 020万美金；全年平台交易超过3.5亿美金；扩大全球布局，在欧洲、澳洲建立分公司。

2014年，平台交易近30亿美元，实现超过一千万美元营收，现金流转正。

- **商业特色**

传统时尚批发买手和销售领域融入电子商务的运作和服务方式，提高采买效率，降低零售商采买和品牌商销售推广的成本。

聚集客户及客户的客户于电商专业市场平台上，为品牌商推荐零售客户，对零售商提供免费的商品采买管理和数据服务，形成以提供给用户价值为核心的业务闭环。

- **经营现状**

已成为世界著名的专业时尚电商B2B交易平台，平台实现交易额约100亿美元。

客户快速扩张，越来越多的时尚界大腕开始使用Joor平台服务，如 Diane Von Furstenberg、Phillip Lim、Alexander McQueen、Tory Burch、Rag & Bone、Thakoon、Joie、Trina Turk、Zappos、Jason Wu、Donna Karan、Vince、The Row、Bergdorf Goodman、Harrods 等。良好的网站体验增加了用户对 Joor 平台的忠诚度和持续推介。

Joor 平台期初只涉及女装和男装，现已拓展至鞋、饰品和童装等品类，并将进一步扩大涵盖的品类（如家居、美容、奢侈品等），方便时尚买手们的一站式采买需求。

增大对 IT 技术、客户服务和产品管理方面人才的招聘力度，希望能进一步改善网站前端和系统的用户使用体验，深度迎合品牌买手的专业沟通需求，并进一步加强服饰产品策划、品质管控、供应链管理等方面的运营支持。

6.1.2 市场定位

Joor 平台将服务市场定位于服饰批发的销售与采购环节，希望使用技术手段重建服饰批发行业的销售和采买流程，并开发出高效、准确和便捷的软件系统用于维护这一专业市场网络平台的整合运作。

在销售和采购环节中主要存在两类用户：

a. 通过批发业务寻找零售买家的品牌制造商和设计师。

b. 具有各种规模需求的服饰产品批发采购及线上线下零售商、买手店。

由于传统市场的分散性，零售商买手（尤其是中小型零售商）缺少一个系统用于记录每天与品牌供应商的互动和交易内容，品牌商也没有足够的渠道去关注遍布世界的独立买家，双方需要一个具有扩展性的能够即时提供丰富产品信息并满足问询、确认和交易需求的网上渠道以解决各自的运营问题。Joor 平台对此有独特的解决方案，随着越来越多的买家和卖家加入和交易的激增，Joor 平台依据积累的可靠历史交易数据提供丰富的在线分析结果和决策建议，帮助用户发现流行销售趋势、判断产品开发方向并指导营销活动。

- **行业痛点**

做过买手或品牌销售的行业人士大概都会对一些场景印象深刻：

A. 订货场景

笨重的面、辅料卡，厚厚的商品目录，针对不同渠道、交易模式、批量的价格表，厚厚的没有产品照片的两联或三联订单表。

如果有很多产品，买手和销售员在沟通时要经常去查找产品图片、确认产品和价格细节、订购批量、销售情况、剩余库存和交货信息等，并由助手或买手本人费力地做各项采买笔记。

买手往往在订单草拟之后回到自己的办公室，或是自己整理或是由品牌销售员协助整理出含图片和描述的完整 Excel 订单确认表，但往往会出现记忆不清晰或是不小心错记款号、价格、尺码、颜色等诸如此类的尴尬。

在产品订单列表确认之后再打印、签名并扫描 Email 或传真给品牌销售员，此过程往往会因为买手要同时考虑其他品牌的替代产品和整体的商品组合方案而多次修改才能确定。

整个整理资料、修改和确认的过程耗时费力，随之而来的是增加的旅行、样品寄送、沟通和时间成本。

品牌商的销售人员也要花大量时间与不同的客人洽商，解释相同的东西，同时花费大量的时间制作纸质类产品宣传资料、样本和样品并分发和跟踪；每年品牌商耗费在样品和营销资料制作上的花费在侵蚀公司利润的同时，并不会对客户带来最核心的价值，甚至不能增加客户工作的方便性。

B. 追加补货场景

买手工作紧张繁忙，尽管依靠公司的软件系统买手和商品策划人员可以对销售有所预测，但买手仍然需要在快速变化的零售市场中尽可能地降低库存和跌价风险，时刻注意现场销售并判断品类和单品走势，调整补货计划，增加销售机会。

例如，如果一个买手在接近周末时确认某一类白色衬衫热销，将不得不一家一家的联络已有的品牌供应商去订购相似的产品，并尽可能在周末销售高峰前上货，然而这种传统的沟通工作占用买手很多时间，也许根本无法联系到或是无法得到很准确的答复，而且由于缺乏直观的展示和多品牌订货系统，操作效率低，选择范围受限，买手往往只能迁就选择若干并不是很满意的产品作为补充。

- **解决方案**

Joor 平台的创始人 Bijoor 体会到零售商买手和品牌商销售双方在工作中的痛点，从而思考创建买手批发 B2B 电商平台的新模式。Joor 平台并不是想完全替代线下的销售员或展览会/交易会的推广方式，毕竟服饰行业是一个更多强调产品的真实视觉、触觉和感受的行业（需要深入的触摸、试身、讲解以及文化与生活方式的体验）。但是，Joor 平台希望通过借助网络改变线下操作习惯，提供更好的货品展现、数据反映和记录工具，降低工作难度，减少重复工作量和错误产生的概率。更重要的是 Joor 平台希望销售员和买手在线下面对面沟通时能借助 Joor 平台的工具大大增加沟通效率和成交速度。使用 Joor 平台，买手将不必再花几个小时的时间整理所需的上百种产品型号编码并拍照，也不用在回去之后进一步针对多个品牌的产品进行再次遴选和组合，甚至多次到现场确认或要求样品寄送。通过 Joor 平台，买手可以先行看到各品牌商的新品和推介列表，了解大量品牌的货品和库存信息，预先根据自己的商品企划制定采买计划、锁定采购目标，并在展会等现场与品牌商销售员深度沟通，快速审视和修正商品组合方案和采购方案，高效地确定成交方案并随时线上下单和跟踪订单的执行情况。

- **商业创新**

电商平台可以做成一个无限扩大的市场，可以轻松地突破地区、国界和品类限制。品牌商可以通过上传他们的产品到 Joor 平台去向十几万家零售商推广，而不再单纯依靠电话、拜访的方式开展销售和处理订单。零售商买手也可以通过 Joor 平台发现新锐品牌和设计师并以最快的速度发现新品并简洁地提交订单。

Joor 平台为买手提供了一种个性化的采买体验，让她们能在一个平台看到尽可能多的品牌和货品选择，而不必由于时间或选择制约浪费自己的商业嗅觉和销售机会，帮助买手详细记录采购历史并建立可编辑的季节采购计划模型，提醒采买时间、资金预算和对热销单品及时补货，还可根据其他品牌商的销售和零售商的采买数据提供有关品类、流行趋势、季节主题和品牌供应商遴选的建议。

同时，Joor 平台还提供各个品牌商的内容更新和新闻发布服务，帮助品牌销售员进行高效而精准的推广。销售员可以借助视频、虚拟技术和多种工具，在网上实现趋势介绍、新品发布、搭配展示、互动沟通和产品销售。品牌商也能通过 Joor 平台获取全球买手店的数据资源。

6.1.3 平台功能

Joor 平台不断追求技术手段的革新，希望将时尚买手采购流程在网络环境中变得低成本、简单化、人性化的同时，不失线下采购和沟通的种种优点。与一般泛行业的 B2B 平台型网站不同，Joor 平台是一个具有客户终端个性化显现特性的 B2B 平台。在设计和功能上，Joor 平台模仿消费者零售网站如 Net-a-Porter 和 Bloomingdales. com 等的购物体验，买手可以按照品牌、品类、价格区间、标签和款号进行搜索，并将喜欢的产品放入购物车，或者也可通过站内邮箱发送和接收询盘及沟通信息。

与诸多流行社交类网站类似，Joor 平台使用用户管理界面为品牌商定制开发电商平台的专属页面和系统功能工具。为保障私密性，Joor 平台对每个品牌商和买手店都进行事先甄别后才授以访问网站的会员权限。此外，品牌商和零售商在最初建立联系时需要得到双方相互认可、相互加入平台后才能看到对方信息，进入对方设置的开放网页空间，并通过 Joor 平台工具即时沟通。双方还可以更改设置以确定自己不成为随机的联络对象被随便“打扰”。

Joor 平台的品牌商用户可以根据零售商的注册信息和交易记录发掘适合自家品牌的客户，并提供更有效的分类为零售商提供个性化搜索服务，实时的数据仪表盘方便零售商一览化掌握热销商品行情和较有利的下单时机。通过设置网上销售展示厅、交易会，管理订单的条件设置（如预算、客户、销售员、活动、库存等），品牌商用户可以为不同销售区域的销售代表创建不同的登录账号和权限，设置多种渠道分销入口和销售政策与规则（如设置不同的价格和促销活动），销售员也可以观测多处仓库的在线流动库存并以多种货币销售。品牌商用户还可以控制营销方案的个性化显现，为不同类别零售商定制不同的产品供应方案（产品组合、价格、附加服务等），并实时跟踪比较产品、客户的销售情况。

Joor 平台还推出了移动端应用，支持离线操作，买卖双方可以随时在 iPad 或智能手机上查看订单签发、销售确认、订单履行、物流、账务处理等实时信息，买家也可以使用产品分析工具及时地了解热销产品、潮流趋势，发现新品牌和供应商并随时随地下单。

Joor 平台采用先进的集成套件（Advanced Integration Suite），为品牌商开放灵活、稳定的 API 接口，方便客户跨平台的数据集成，帮助用户将商品目录、实时库存和订单履行等信息无缝导入到后台的 ERP、CRM、供应链等零售管理系统。Joor 网络平台已成功对接多种服饰/零售行业常用的 POS 系统（如 Retailpro、Oracle、LightSpeed、KWi）和订单管理系统（AIMS360、A2000、Blueberry、Cegid、Infor、intuit、JDEdwards、Microsoft Dynamics AX、NetSuite、Perfect Fit、Zedonk、Visual 2000 International、Apparel 21、Full Circle、SAP、Fashion Flow、WinFashion、RLM、Showroom Exchange 等）。

6.1.4 盈利模式

传统服装品牌商的利润模型是在扣除货品成本、运输费用、中间商服务费、进出口税、包装费等之后，维持大约40%的毛利，在扣除拍摄费用后（可作为产品开发的一部分费用），剩余约30%的毛利，而一个从事推广和销售支持的网络平台服务商一般收取交易额的3%～8%作为佣金。Joor平台也采用类似的盈利模式。但由于Joor平台建立了一个共有网络虚拟市场的闭合生态圈，通过网络化的信息系统和数据集成工具降低了免费用户（零售商）的采买交易成本和付费用户（品牌商）的营销和销售成本，为买卖双方提供了可观的商业价值。

Joor平台的付费用户主要是品牌产品制作商和设计师，买家主要是线下线上的零售商、买手店等，买家可以免费享受平台上的所有服务（今后可能会增加收费项目），而卖家则根据自身规模和所需要的个性化服务水平向Joor平台支付大约每年5 000～20 000美元的平台使用费，并额外支付Joor平台销售交易额的3%提成作为佣金。

Joor提供很多标准化甚至个性化的服务，例如：Joor平台会帮助品牌商上传成百上千件商品的图片、说明、型号编码和价格，并将一些产品信息定向发给一些平台上感兴趣的潜在买家；Joor平台也可以让品牌商针对特定零售商个性化地提供产品，并实时跟踪产品销售数据。

随着平台交易额的扩大和用户群的激增，Joor平台将不断发掘和尝试创新的增值服务，以下是Joor平台今后可能作为补充发展的盈利模式：

a. 大数据提供和分析服务——如帮助品牌商通过平台的大数据发掘与分析发现买家和市场需求及销售趋势，推荐潜力市场和成交几率大的直接买家。

b. 网上发布会、网上交易会服务——为品牌商提供网络宣传和活动推广服务。

c. 拍摄、广告和营销推广服务——为品牌商、零售商、设计师（尤其是中小型企业）提供相对专业、性价比高的采买咨询、物流和营销推广服务。

d. 产品众筹服务——引入产品众筹的 P2B（person-to-business，互联网融资服务平台）和 B2B 模式，激活高端设计师定制市场需求。

e. 设计师和品牌的资本融资服务——设计师开始可以借助平台发布产品寻找创业和合作机会；风投、大型零售商、大型品牌商开始关注有潜力的设计师和品牌，寻找投资和并购对象，Joor 平台可以协助双方促成资产市场的交易。

6.1.5 平台发展

作为 B2B 企业，用户规模十分关键，Joor 平台在保持行业领先时，并没有大规模的进行商业推广，主要是借助现有资源和业界口碑进行推广，投资圈、客户及新闻媒体传播、与品牌商和零售商合作、商业拜访、电话销售、展会销售等。

与大多数互联网公司“不惜一切代价快速做大规模，争取用户，占领市场”的战略不同，Joor 平台将“盈利能力”作为公司发展的核心目标，管理层不希望将投资人作为烧钱营销的提款机，而是希望依靠新技术更好地服务现有客户，提升客户体验和忠诚度。在市场拓展方面，Joor 平台以世界时尚中心城市为据点实施全球化战略，开发有实力的品牌商用户和新兴市场的买手店用户。在品类开发方面，Joor 平台逐渐将服务扩展到时尚行业所涉及各个领域,尽可能的发掘零售商买手的各种需求。

Joor 平台的商业模式取得了巨大的成功,一些或早或晚出现的竞争对手也在全球各地发展良好,如在洛杉矶和纽约设立分支机构的 NuOrder,已经向超过 4 万家零售商买手提供类似于 Joor 平台的云端可扩展性买手服务,并靠其突出的时尚感前端界面设计和功能丰富的企业级应用平台吸引更多用户,NuOrder 的品牌制作商用户可以方便的设计自己的前端"展示厅"和产品界面,并实时处理订单和更新库存信息,现在包括 Helmut Lang, Levi's、Elizabeth and James、Adidas、Ted Baker 等著名品牌商都在使用 NuOrder 的批发服务。英国的 F2iT Zedonk 也有一个类似的解决方案,帮助中小型时尚品牌商或设计师在网上管理她们的客户、供应商以及相对应的销售、下单、生产和订单跟踪等工作,现在有 27 个国家超过 300 个设计师和品牌商(如 Christopher Kane、Erdem、Altuzarra、Victoria Beckham 等)在使用 F2iT 的服务。纽约的 Modalyst 则是通过众筹(Crowdfunding,大众筹资)方式帮助设计师和小品牌商突破生产最小批量的限制并使订购的买手店得到"团购"批发的折扣。此外,类似的公司还有很多,如 Thread-Suite、Balluun、Monkey N Middle、Lettuce、Brandboom、Boutique Fashion Brokers、Le New Black 和 Linkchic(中国)等。面对如此众多的竞争,Joor 平台为每个客户设置专属的客户经理,增强客户服务的专业性和个性化程度。

同时,Joor 平台正在思考如何突破以下几个方面的发展瓶颈:

a. 时尚界总是习惯按照他们以前做事的方式做事,如何说服传统的中小型零售商买手采用新技术和新的商业流程是一项挑战。

b. 如何打破组织和流程壁垒，寻找为大型时尚采购公司（如百货商店）提供服务的机会。

c. 如何延伸跨境采买服务，增大全球化市场的覆盖面，为买手提供更多的资源和选择，增强中小型品牌商、设计师与中小型零售商的商品策划、辅助采购、物流和进出口服务支持，充分吸纳买方用户群。

d. 面对中小型和奢侈品类的采购需求，如何绕过设计师的最低订单要求以确保资金有限的小型商家成功订购（创造可操作的平台化众筹交易模式）。

e. 如何解决新品发布中创意抄袭的问题，提高品牌商发布新品的参与度。

6.2 ROUND ROUND 买手店

6.2.1 基本信息

- **店铺名称：**ROUND ROUND
- **创立时间：**2012 年
- **创立地点：**南京
- **创始人：**April Guo，所学专业为无线电通讯，从事服装买手店是出于个人的爱好。April 个人认为经营者的出发点最重要，需要有充分的准备和对行业的激情，此外个性程度和专业性也很重要。

图 6-1　ROUND ROUND 德基店外观

- **店铺地址：**

金轮一店：江苏省南京市金轮国际广场 115 号。

金轮二店：江苏省南京市汉中路 8 号金轮新天地。

王府店：江苏省南京市王府大街 49 号。

新城市广场店：江苏省南京市龙江新城市广场一楼。

德基店：江苏省南京市德基广场一期四楼 L401。

图 6-1 及图 6-2 为 ROUND ROUND 两家分店入口的外观。

图 6-2　ROUND ROUND 金轮国际广场店外观

- **新浪微博：**http://weibo.com/iroundround
- **微信公众号：**roundround
- **豆瓣小站：**http://site.douban.com/195691/
- **店铺简介**

ROUND ROUND 既是一个独立设计师品牌集成店，也是一个鼓励和发掘先锋思想的孵化器，是一个让艺术家与设计师自由发挥的平台。目前独立设计师品牌正在日益崛起，但发展的道路也面临着诸多挑战，创业者感受到了独立设计师品牌的能量，也看到了设计师品牌成长的困惑与艰难，ROUND ROUND 希望通过专业的团队运作，在艺术与大众之间搭建桥梁，为设计师品牌创造更多的发声机会。

ROUND ROUND 与众多设计师品牌及艺术家合作，包括 Chictopia、班晓雪、AWAYLEE、FAKE NATOO、范然、王在实、QIUHAO 等，曾先后与多位艺术家合作艺术展览，例如与国际著名设计师品牌 QIUHAO 联合举办“黑白两仪”艺术展，与当代艺术家陈钟合作举办“近墨者——陈钟的水墨衣衫”艺术展。

ROUND ROUND 作为南京时尚先锋设计概念集成店铺，产品囊括了独立设计师品牌服装、书籍杂志、电子产品、美食、创意时尚和设计工艺品，陈列商品宛如一本时装杂志，提倡时尚、创意与艺术的先锋理念，希望顾客能在店铺营造的独特氛围内，尽情品味新鲜、活力与惊喜。

- **品牌特色**

ROUND ROUND 是品牌创立者经营的若干服装品牌买手店之一，此外还包括“基督山贵妇”等其他品牌。ROUND ROUND 国际广场店店铺面积较大，以生活馆为目标，目前正在进行调整和拓展。品牌未来的发展方向是集服装、配饰、书籍浏览、休闲餐饮为一体的买手集成店。

- **发展历程**

经营者从 2009 年开始与若干设计师品牌合作，因此积累了相应的人脉和产品资源。从事买手店前曾经营其他店铺，现转型做多品牌买手店，由于前期已有店面资源，开店前的准备期约3个月。

6.2.2 市场定位

- **目标市场**

独立女性，不受大众主流媒体的影响，对流行有个性观点和想法。

- **产品系列**

以服装品类为主，配饰为辅，约有40个品牌。产品选择主要遵循品牌的风格定位，需要设计师品牌有自己独特理念，且较为实用的产品。同时，考虑到南京人文气息氛围，主选风格比较内敛的产品。订货周期按一年四个季节进行，平时也会有少量进货。大部分产品是与品牌设计师直接合作进货，少量产品从DFO等Showroom采购。

- **价格范围(各品类主要价格带)**

轻奢定位，2 000～5 000元。不同区位的ROUND ROUND产品定位、价格、风格都略有差异。

6.2.3 渠道定位

以线下实体店为主，线上推广刚起步。提供线上（主要是微信推送）新产品推介、来店试穿预约等服务。

店铺面积100～300平方米不等。目前，街边店铺的业绩受气候（高温、下雨）等影响时有波动。而商场店（同一团队经营的其他品牌）相对较好。

6.2.4 宣传策略

品牌和市场推广方面存在短板，正在集聚相关人才进行拓展。经营者表示，在品牌宣传推广以及媒体活动策划与联络一直是品牌的弱项，这也是品牌到目前为止没有形成完整的品牌视觉体系和形象推广宣传体系、品牌认知与知名度不高的主要原因，包括媒体方面的联络与推广、店铺活动等还有待完善和持续开发。

近期开始进行 VIP 顾客维护，通过微信推送产品信息。后期希望侧重主办各类跨界活动，增加集合品牌买手店知名度。

6.2.5 视觉系统

品牌店铺的视觉形象设计以简约和自然风格为主，包括书籍展示以及服装配饰展示，从而突出 ROUND ROUND 产品个性及人文气息风格。图 6-3～图 6-5 为店内陈列视觉效果。

图 6-3　ROUND ROUND 店内书籍陈列架及墙面文字设计

图 6-4　ROUND ROUND 店铺服装陈列展示区域

图 6-5　ROUND ROUND 店铺展示区内隔断墙与服饰陈列空间

6.2.6 经营现状

以忠诚顾客(VIP顾客)为主,自然进店顾客较少。

核心团队现有6名成员,主要负责采购、招聘等,计划引进品牌与市场推广人员以及设计、服装专业出身的人才。

小面积店铺一般有3名店员。新人培训大致需1个月,但店员流动性较大。

店铺经营过程中曾存在较大的库存压力。由于每一季设计师品牌的产品变化较大,因此对买手采购时的决策造成了一定困惑。目前主要在每年促销季和新店折扣时处理库存。

6.2.7 发展目标

后期将向生活馆形式发展,目前已在金轮广场店加入了书吧和咖啡吧经营业态。但由于对其他行业的经营模式仍在摸索阶段,专业度与顾客认可是经营上改进的重点。

暂时没有考虑向其他城市发展,目前所有店铺均集中于南京市内,近阶段重点是稳定现有店铺业绩。

6.3 OOAK 买手店

6.3.1 基本信息

- **店铺名称:**OOAK
- **创立时间:**2012年11月
- **创立地点:**上海

• **创始人：**主要合伙人有 3 名，分别负责 Buying（货品采购）、Marketing（市场营销与公关）、Creative（品牌视觉形象）。本次采访对象为负责 Buying 的 Alice，所学专业为文化创意产业，个人热衷于首饰类产品。

• **店铺地址：**上海市静安区巨鹿路 820 弄 30 号。

• **品牌网站：**http://www.theooak.com/

• **新浪微博：**http://weibo.com/ooakconceptboutique

• **微信公众号：**OOAKSH

• **豆瓣小站：**http://site.douban.com/214052/

• **店铺简介**

OOAK 意取 One of A Kind（独一无二），是中国第一家主打设计师品牌首饰的买手店，也是国内知名欧美独立设计师品牌集合店。OOAK 旨在推广 Costume Jewellery（服装＋首饰）的概念，销售的产品包括首饰、鞋包、配饰、服装等，同时还提供家居产品以及附带展览功能。目前，OOAK 已从一家实体店拓展成以"Style in Jewellery"为核心理念的综合性时尚平台，将实体店、电商、创意活动空间、自有品牌、展厅以及公关机构集于一体。

OOAK 买手店 2012 年成立之初是开设在上海徐汇区太原路的一座三层洋房，独立设计精神贯穿整个店铺的三层空间，为购物者提供了独一无二的购物体验（图 6-6）。

2016 年 7 月，OOAK 从太原路 124 号迁至巨鹿路 820 弄 30 号，藏身于海派历史文化保护小区内。OOAK 新店保留了老楼的基础建筑风格，外观装饰成"OOAK Boutique Hotel"（奢侈品名牌酒店）充分保护了原建筑的结构，用全新的概念赋予了老建筑新颖美（图 6-7、图 6-8）。

图 6-6　OOAK 原上海太原路店铺外观

图 6-7　OOAK 上海巨鹿路店铺外观

图 6-8　OOAK 上海巨鹿路店内布局

- **品牌特色**

作为国内首家以欧美设计师品牌首饰产品为主打的买手店，OOAK 引进了包括英国老牌手工首饰品牌 Alex Monroe、首饰界前卫大牌 Mawi、Lara Bohinc、美国高端潮流品牌 Vita Fede、高级珠宝品牌 Delfina Delettrez 等近 40 多个欧美首饰品牌，同时也引进了 Sophie Hulme、Benedetta Bruzziches、House Of Holland 等多个包袋和成衣品牌，其中大部分品牌为首次进入中国大陆。

除了产品特色之外，OOAK 还为顾客提供了专业细致的服务，如提供预购服务、免费保养和维修服务、产品定制服务、不定期邀请设计师与 VIP 顾客举办专题活动等。

- **发展历程**

Alice 曾在英国伦敦工作，因此积累了一定的设计师或品牌资源。店铺前期的准备时间为 1 年，由于准备较充分，因此各项功能上线后均表现完美。原计划一年半后实现收支平衡，实际经营过程中半年即达到预期目标。

6.3.2 市场定位

- **目标市场**

年龄 22～35 岁，个性独立、有品位、对时尚有独特见解，不会随波逐流的都市女性。目标顾客会选购名牌产品也会喜欢购买个性化的设计师品牌产品。实际开店后，顾客层面日益扩大。

- **产品系列**

以首饰为主打，约占所有产品的 2/3，首饰类产品的 SKU (Stock Keeping Unit，色款数）大约有 2 000 种。另外所销售的产品还包括鞋包、配饰和少量服装。开店初期销售的品牌约 20 个，目前扩充至 100 个品牌，其中长期合作的品牌商有 60 余家。大部分产品均是在海外时装周期间从设计师品牌处直接采购，一般情况下按一年四季的频率进行采购。后期开始逐步与 DFO 等国内 Showroom 展会商合作，购买首饰或服装品牌的产品。OOAK店内首饰类、鞋类、包类和服装类产品示例，如图 6-9～图 6-12所示。

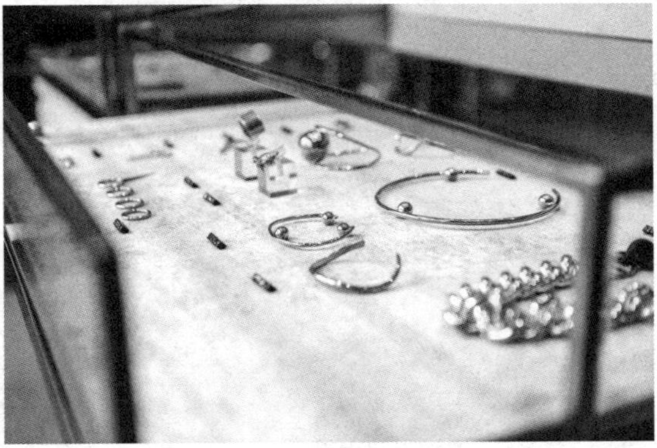

图 6-9　OOAK 首饰类产品示例

图 6-10　OOAK 鞋类产品示例

图 6-11　OOAK 包类产品示例

图 6-12　OOAK 服装类产品示例

- **价格范围(各品类主要价格带)**

店内产品价格从 30 元的生活用品,如随意贴,到 10 万元的高级珠宝,价格悬殊。主打的首饰类产品价格从 99 元起至几万元不等。一般产品的定价比国外同类商品销售价格高 15%～20%,VIP 顾客另有一定的折扣优惠。除过季的服装会有最多七折的打折优惠外,其他品类的产品一般不会打折。

6.3.3 渠道定位

采用 O2O 销售渠道形式。

线下实体店原位于太原路,毗邻淮海路和徐家汇商圈。相对而言店铺周边环境更为安静、悠闲和轻松,周边同类店铺少,更多的是咖啡店,比较符合品牌所崇尚的理念。后搬迁至巨鹿路后,依然保持着原有店铺的风格特色。

线上销售渠道以自主经营的淘宝店铺(https://ooakselect.taobao.com/)为主,部分产品在其他网站,如良仓(http://www.iliangcang.com/)也有推广销售。目前主要的收益仍来自线下实体店铺。

6.3.4 宣传策略

OOAK 并不止步于“店铺”和“购物”,同时还不定期举办各类活动,作为平台推广时装设计新生力量。成立至今,OOAK 频频与一线时尚媒体、明星造型合作,更于 2014 年底入选 LV City Guide 15 周年纪念版,成为国内线上线下时尚地图的必经之地。

店内经常有明星前来选购,如范冰冰、徐若瑄、郭采洁、白百合等,公司 PR 部门会负责这方面的相关工作。然而在销售过程中,店员不会刻意提及佩戴过该款产品的明星:一是因为该品牌的顾客相对比较有主见,本身就喜好小众且有特色的产品,不会因为明星效应受到较大的影响;二是由于店铺经营理念本身主张每个顾客能自主搭配适合自己风格的产品,店员仅提供一些基本的搭配建议。

成为 VIP 顾客的条件:在 OOAK 实体店或网店单次消费满 8 000元即可成为 VIP,享受 9.5 折优惠;单次消费满 15 000 元即可成为 VVIP，享受 9 折优惠。VIP 顾客为终身制，可享受的服务有：新品预览、VIP Pre-sale（折扣预览）、每年两季的 Sample Sale（样品特卖）提前选购机会、会员生日当天 8.8 折的特别优惠、参与 OOAK 设计师见面、时尚派对等活动的邀请、不定期的讨喜小礼物派送。VIP 顾客的维护主要采用微信、微博和 Instagram（iOS、Windows Phone、Android 平台的移动应用）等方式，实际表现效果良好。

此外，Alice 认为开店初期的口碑宣传非常重要，这也是 OOAK 在开店后取得理想宣传推广效果的重要原因之一。

6.3.5 视觉系统

OOAK 上海太原路店设计风格主要遵循店主的个人喜好，聘请加拿大设计师进行店铺的室内设计。店铺以简约风格为基调，同时较多的运用了几何图形、大理石、镜面等元素。如图 6-13 及图 6-14 所示为店铺台阶以及楼梯转角处设计效果。

图 6-13 OOAK 上海太原路店店内台阶设计

图 6-14 OOKA 上海太原路店转角陈列台及装饰

店铺系木制结构，装潢时有些建筑结构无法变动，因此受到一定的制约。

OOAK 上海太原路店面积约 150 平方米。一楼为首饰类产品(图6-15)；二楼陈列服装类产品(图 6-16)；三楼以手袋、墨境为主(图 6-17)；洋房的露台用于组织各类公关和宣传活动。实际用

图 6-15　OOAK 上海太原路店一楼首饰区

图 6-16　OOAK 上海太原路店二楼服装区

图 6-17　OOAK 上海太原路店三楼手袋配饰区

于产品陈列和销售的面积约占整个店铺面积的 1/2。

6.3.6　经营现状

由于主打的首饰类产品季节性不强，因此相对来说库存量较少。

上海店铺固定职工 12 名，店员（包括全职和兼职）有 6 名。店员并非要求必须是服装或艺术类专业出生，而是注重员工接待顾客时的亲和力以及对产品相关信息的熟悉程度。

首饰类产品易受天气因素（如黄梅天）的影响，需要关注日常维护。另外，首饰类产品的售后服务相比服装类产品而言更复杂，需要提供保养和维修等服务。

每天平均进店顾客约 20 人，周末和工作日的客流量没有明显的差别。目前，以忠诚顾客为主，因此进店选购的顾客一般目标性较明确，购买频率高。

6.3.7 发展目标

未来，如果空间和资金充足，希望能将店铺发展成带有休闲功能的生活馆模式。但在品类方面仍将以首饰为主打，服饰为辅的经营方针。

市场拓展方面，后期计划在国内开设分店，运营均较为成熟后，计划进一步开拓海外市场。目前，已在海外时装周举办期间开展了若干专题活动，主要面向终端顾客，利用画廊等临时租借的场地举办。

6.4 LemonShop 买手店

6.4.1 基本信息

- **店铺名称：**LemonShop
- **创立时间：**2012 年

上海的 LemonShop 于 2012 年下半年开业，店铺的总部设在日本，在东京具有完善的设计研发部门，并拥有自有品牌 Q，成衣加工部门则是设在国内苏州的工厂进行生产，Lemon 同时担任 Q 品牌的设计师之一。因为国内近几年的服装买手店呈现欣欣向荣趋势，Lemon 在以前公司工作时萌生了开店的想法，这样可以把东京的服装资源共享。

- **创立地点：**上海

- **店铺地址：**

女装店：上海市徐汇区安福路234号(近乌鲁木齐路)。

男装店：上海市徐汇区永嘉路394号(近太原路)。

由于开店是兴趣所致，并不是想作为一个商业模式在中国市场推广，所以没有选择淮海路、新天地或者田子坊这一类商业气息比较浓厚的区域。选择安福路是因为它的安静，而且附近大部分是较为高档的社区。这里的社区文化别有风味，生活氛围和文化修养较高。社区居住多为白领、外国友人和企业高管。与淮海路那种流动性较大的顾客相比，Lemon认为安福路的顾客有修养、价值观趋同，更容易双向沟通。

- **新浪微博：**https://weibo.com/u/2191649880
- **微信公众号：**lemonshop234
- **品牌理念与品牌特色**

服装风格以休闲及通勤服装为主，同时结合若干时尚设计。款式风格简约大方，适合日常穿着。店内的商品风格较为统一，服饰商品既可在上班时穿着，又可在闲假时随意搭配。LemonShop通常会选择具有一定标志性且质量较好的服饰，这样的服饰合体性好，搭配容易且可以重复穿着。

6.4.2 市场定位

- **目标市场**

针对的人群：20～30岁的年轻白领。

LemonShop的目标消费群大部分为附近社区居住者，作为社区店铺的优势之一，这类消费者的品牌忠诚度较高，购买力较强，眼光独特，一旦认定某家店铺的设计、质量和风格就会成为店铺和品牌忠实消费者。

- **产品系列**

LemonShop女装店服饰大类占70%，以服装为主，饰品很少涉及，同时销售一些日本进口食品及日用品等。

- **价格范围**

LemonShop商品配套齐全，除服饰类商品外，还配套部分进口食品。因为属于社区店铺，且目标消费者定位较为年轻，所以该店铺服饰商品性价比较高。以LemonShop与Showroom合作的五个品牌而言，价位在500～2 000元不等。Lemon认为商品的定价应基于店铺的盈利计划，考虑目标消费群的接受度和产品的销量，主要基于历史数据记录、店铺营业经验以及商品销售的畅销或滞销程度进行适当调整。但价位一般不会上调，只是针对滞销商品进行价格下调、打折或者参与促销活动，减少库存积压。店内销售多为Q品牌的经典款，而且价格也有一定的折扣。

与服装设计师合作开发款式方面，LemonShop会根据目标消费者的需求，在保证质量的前提下，尽可能降低商品进货成本。通常与设计师品牌合作的商品定价在800～2 500元不等。

6.4.3 渠道定位

6.4.3.1 货源渠道

LemonShop的货品主要源于自主品牌、设计师合作开发以及Showroom订货三种渠道，利弊分析见表6-1。

表 6-1 L 店铺货源渠道优劣势分析

货源渠道	优势	劣势
自主品牌	品牌风格定位明确有完善的企划、设计、开发团队	品牌数量单一
设计师合作开发	风格独特，可根据店铺风格量身打造单品	具有不确定性，产品开发周期长，资金占用多
Showroom 订货	具有多品牌选择，具备完善的服务流程	与品牌方直接沟通困难，不一定与店铺风格相符

A. 自主品牌款式

LemonShop 在日本东京拥有完善的 Q 品牌企划、设计、运营团队，总部每季会根据品牌风格、潮流趋势、流行色彩等研发不同品类的服饰。上海店铺中 Q 品牌的款式和风格是根据国内市场需求和目标消费者的喜好确定的。

B. 设计师合作开发

Lemon 与若干日本小众设计师合作开发新产品。小众设计师的作品通常批量较少，设计师风格突出。这类设计师愿意与买手店合作，为其开发专款，合作沟通简洁方便。但在合作的设计师数量方面具有不确定性，不同时期，少则一两位，多则会与二三十位设计师合作。

C. Showroom 订货

LemonShop 与国内合作的 Showroom 订货主要是 DFO Showroom 展会。DFO 的服饰品主要来自海内外小众设计师品牌，DFO Showroom 展会同时提供时尚顾问、采购代办及销售代理服务。主要工作内容：挑选国际创新品牌推荐给买家，提供相关的品牌资讯，协助买家完成订单流程、货品质检、资金支付及物流等。

6.4.3.2 商品开发流程

针对三种订货方式，LemonShop 每季都会进行货源调整，采用其中的一种或多种方式协调获取货源。

A. 自主品牌款式

品牌的自主研发过程包括企划、设计、生产、物流和销售。产品的开发通常始于市场调研，直至产品的投产与上市(图 6-18)。

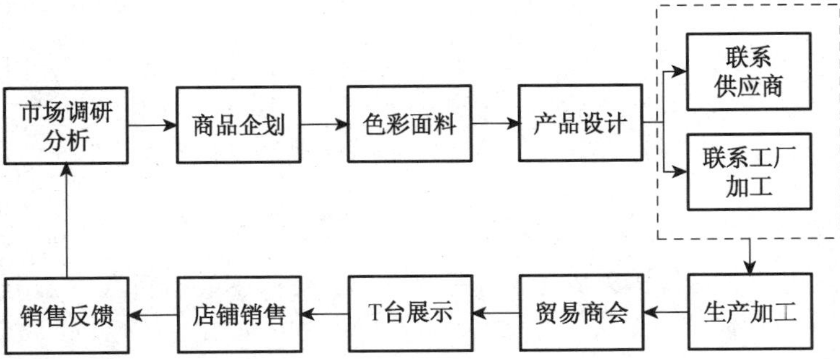

图 6-18 LemonShop 买手店产品自主研发流程

B. 设计师合作开发

与设计师合作具有一定的灵活性，关键在于前期发掘与商务洽谈。发掘具有潜力的品牌设计师需要店铺买手具有时尚敏锐度和审美能力，并且熟悉店铺风格和发展方向。开发工作流程如图6-19 所示。

C. Showroom 订货

上海时装周每年 4 月和 10 月举行，各类 Showroom 在这一期间纷纷亮相。这时，各大 Showroom 就会聚集一定数量和规模的

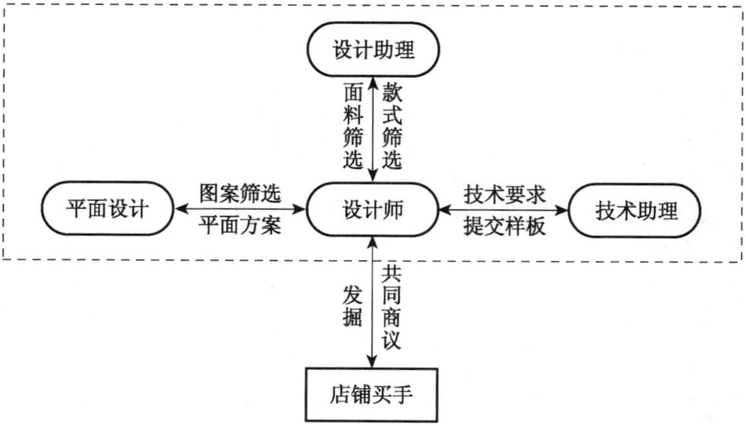

图 6-19　LemonShop 买手店与设计师合作开发模式

设计师品牌产品，并根据产品的风格、材质和品类进行分类分区，以方便买手及买手店店主进行挑选，与 Showroom 合作是大部分买手店的选择。

6.4.4　宣传策略

在店铺宣传方面，LemonShop 秉承“酒香不怕巷子深”的理念，不邀请也不接受媒体的宣传采访，只会在微博、微信这些社交平台上更新自己的主打新品，利用口碑效应吸引顾客，大部分客源由顾客口口相传传播而来。Lemon 认为，只有好的产品和服务才能真正的获得顾客，店铺的经营成功源于顾客的高度忠诚，促销宣传对自己的买手店是一种可有可无的辅助手段。

6.4.5　视觉系统

图 6-20～图 6-24 为 LemonShop 店铺形象。

图 6-20 LemonShop 店铺外观

图 6-21 LemonShop 店铺服装展示区

图 6-22 LemonShop 店铺服装陈列区

图 6-23 LemonShop 店铺首饰陈列展示区

图 6-24 LemonShop 店铺装饰品布置

6.4.6 经营现状

Lemon管理者认为库存是一个较复杂的管理工作，会根据历史资料和多年的经验进行进货。在国外，成熟的买手一般都具有十年以上的服装工作经验，十分了解流行趋势、消费导向、还有当季热销商品等信息。店铺经营情况、历史数据和VIP等资料都可以帮助买手决定热季和淡季的商品进货量。LemonShop一般会采取饥饿营销方式，每个商品不会大量进货，这样既可以减少库存，又可以让消费者在消费的过程中有一种独一无二的体验。对于库存商品，LemonShop会采取折扣或者福袋等形式进行销售。

6.5 T9糖梨菱角买手店

6.5.1 基本信息

- **店铺名称:**T9糖梨菱角

店铺名字是两位合伙人EMMI和JOY组成的缩写T9，中文的谐音糖梨菱角被年轻的书法家用甲骨文题写在一块长江源头捡来的圆石上。

- **创立时间:**2011年3月
- **创立地点:**浙江省宁波市仓桥街28号
- **创始人:**EMMI和JOY，分工明确，EMMI负责货品规划与店铺设计陈列、JOY负责销售、生产等。本次采访对象EMMI，从事十余年的服装工作，经历了三家公司，从第一家博洋集团的产品开发到后来的外贸服装公司产品设计与开发。

- **店铺地址：**浙江省宁波市彩虹北路 48 号波特曼大街 1-53-1 号。

2013 年 9 月店铺搬至此地址，2015 年 8 月重新装修。

关于店铺选址，店主首先考量该地区的客流消费力较高，另外周围环境较为安静，以咖啡店、餐饮以及高端办公区为主，适宜人群停留。

- **新浪微博：**http://weibo.com/taorino9
- **微信公众号：**taorinoo9
- **店铺简介**

T9 糖梨菱角成立于 2011 年 3 月，最初是一家 70 平方米左右的小店、5～6 个设计师品牌，是宁波第一家设计师品牌买手集合店。如今店铺已扩大至 140 平方米，引进品牌成倍增长。销售的产品以中性风格的女装为主，不盲目追随于主流设计师，而以货品风格、细节亮点及品质决定是否引进店铺。店铺风格简约现代，以品牌为单位分为多个小隔间，更能凸显设计师的自身品牌特色，便于货品陈列和推广。

- **品牌特色**

目前长期合作的有 Miss Mean、CHairEYES、to be adored、Awaylee、Lou de Nannan、MICartsy、UP、Vmajor 等 20 多个设计师品牌。以拥有海外游学背景的国内设计师品牌为主力，货品风格以中性休闲为主并配比少量的女性化服饰，另外品牌拥有 2～3 名设计师的独家代理权，具有较强的货源优势。

除了产品特色，品牌坚持无折扣理念。

- **发展历程**

主创人 EMMI 服装设计专业出身，并在大学期间兼修获得平面设计学位。毕业后在服装企业工作多年，积累了设计师、供应商，生产商等人脉和资源。利用各方资源于 2011 年 3 月开设了第一家店铺，最初投入成本 60 多万元，店铺中的每一个环节都是两位合伙人亲力亲为。如今店铺已配备多名销售人员，并经过专业培训。买手店已建立微信公众号平台向新老顾客进行新品推广与售后服务。

6.5.2 市场定位

- **目标市场**

年龄 25～35 岁，属于穿衣风格、品味崇尚独立与个性的女性。70%为忠诚顾客，30%为店铺周围的上班人群或游客。

- **产品系列**

以服装为主，约占所有产品的 80%～90%，服装类产品的 SKU(色款)500～600 个。其他销售产品包括鞋包、配饰，另外店主每年会有一季自己设计的服装单品。开店初期销售的品牌 5～6 个，目前扩充至 40 余个。大部分产品开发源自店主 EMMI 服装企业工作时形成的设计师资源，同时参加海外时装周直接从设计师品牌处采购货品或从国内外 Showroom 订货，订货频率根据设计师品牌的开发周期不尽相同，主要分为春夏季和秋冬季。

- **价格范围**

店内产品价格依据产品类别、设计师人气、产品材质不同有所区分。包袋价格 2 000～4 000 元，服装 T 恤 600～1 000 元，裙子 2 000～4 000 元，大衣 4 000～10 000 元不等。VIP 顾客和会员有少量折扣优惠。

6.5.3 渠道定位

采用线下实体销售与线上微信、微博推广宣传形式。店主凭借多年的服装从业经验，认为做精做深远比做大做广更为重要，不打算在其他城市开设分店，用心打造一家唯一的精品买手店，为店铺积累良好的口碑，让目标顾客形成要买个性轻奢服装就来 T9 买手店这一品牌印象。

6.5.4 宣传策略

成立之初主要通过新浪微博进行品牌宣传，在积累了一定客户资源后，主要通过微信进行新品推送与货品介绍。每年定期举办 2～3 次的品牌推广活动。

6.5.5 视觉系统

店铺标识由知名的形而上设计公司设计。

邀请著名室内设计师贺钱威对 140 平方米店铺进行设计，整体风格以简约现代为主，隔断设计缓解了多变服装款式带来的视觉疲劳。老实木地板、定制的几何龙门架及方形展示台等，所有道具都体现着自然洁净之美。另外根据设计师品牌用帘布分隔出四个隔间，使得货品风格统一有序。店铺每两周会变换主推产品，并依据设计师品牌风格变换店铺陈列。图 6-25、图 6-26 为 T9 的店铺形象。

图 6-25　T9 店外橱窗展示

6.5.6　经营现状

每位设计师品牌每季平均订购 20～40 款服装，产品类别的具体件数会依据上一年同期销售数据加本期的销售目标确定。货品订购会预留 15%～20%的缓冲量，防止由货品畅销而导致的供不应求。

货品采购主要依据创始人的个性判断，对买手有较高的专业要求，不仅需要了解当季的主要流行趋势还需关注顾客的喜好。对 EMMI 而言，她不仅需要安排采购计划，更需要进行店铺及货品等的管理工作。

品牌年销售额约为 500 万～1 000 万元。店铺主要的销售时段为中午和晚上的用餐前后时间段。

图 6-26　T9 店铺货品陈列

早期店铺所使用的零售系统为“三易通”软件，今后将引进能进行多品种小批量货品高效管理的软件，数据分析主要通过Excel软件完成。

6.5.7　发展目标

市场拓展方面，创业者希望将独家店做到最好，与更多优秀设计师合作，寻找更多适合宁波顾客需求的设计师品牌产品，并在店铺中提供多样化服务，如咖啡、茶歇等。

6.6 Moimoins 买手店

6.6.1　基本信息

- **店铺名称：**Moimoins（摩树诗）

店铺品牌名称取自法国电影《巴黎小情歌》中的台词“Aime-moi moins, mais aime-moi longtemps"（爱我少一点，爱我久一点）。店铺创始团队希望顾客可以慢慢地品味、欣赏、热爱上她们的店铺，爱得持久。

- **创立时间：**2015 年 11 月
- **创立地点：**宁波
- **创始人：**共有 4 名合伙人，分别负责采购、销售、店铺设计与市场推广。本次采访对象为负责市场推广的 Vivienne，她之前在和义大道购物中心做招商工作，擅长商场的管理与经营。负责店铺设计的是宁波知名设计师万宏伟，其设计理念注重多维空间的向度，用专业的理性协调合情合理的室内建筑空间，再用感性的光和色彩进行调合，然后注入进一步的人文关怀。团队成员 Chris 和莎莎担任采购和销售工作。
- **店铺地址：**浙江省宁波市和义大道购物中心 B007。

和义大道购物中心负一层人流量大，同时，店铺可以与 Ole 精品超市形成经营业态互补，Ole 超市销售品类主要是食品，月销售额可达到 600 万元，店铺可以共享 Ole 超市的客源。

- **新浪微博：**http://weibo.com/p/1005055886248329
- **微信公众号：**moimoins
- **品牌理念与品牌特色**

Moimoins 的中文名为"摩树诗"。旨在开辟宁波独具一格的当代生活方式混合魔术空间，一个饱含个性、有思想的文化空间，宁波的精神绿地。

Moimoins 就像一个混合人文时尚慢生活社区。在这里创业者神奇地运用有限空间打造出一首首诗语境界。一个充满无限可能的探索空间，陈列着来自全球的轻奢品牌产品，融合服装、家居、首饰、香氛、生活用品及婴童等品类。

其中角落的“店中店”，是内置建筑物的空间创新转换，这个私密的空间带来不一样的体验。品牌包括 Y's、Greedilous、Cheap Monday、Muubaa、Trippen、Secrid、The Laundress、NEOM 等。

在 Moimoins 时尚又轻松的复合空间里，可以阅读、听音乐、喝咖啡、购物、工作、冥想、交流，甚至在 Moimoins 的创客空间开会。它独创的文化空间，流露出对简单美的追求和对生活的思考，身在其中，你就是你，是最本真的自己。店铺同时也是一个电影文学、书店与咖啡文化相结合的神秘空间，经常定期举办展览，开展分享会，成为艺术工作者、创客或各种生活形态族群的“根据地”。

Moimoins 意在为追求理想的人们搭建一个文化与美学融会贯通的奇妙平台。

6.6.2 市场定位

- **目标市场**

针对的人群：以 35～50 岁女性为主。

创业团队对宁波消费者的分析：宁波人务实、保守，穿衣风格以实用装为主，不会刻意为了点缀而购买特别靓丽出挑的服装，宁波女性分场合化妆的意识还不强，城市里的时装秀和派对很少。

- **产品系列**

服饰大类占 70%，以女装为主，饰品很少涉及，同时销售一些香水。服装风格偏休闲风，同时结合若干其他时尚元素与设计。产品根据市场需求与风格定位，与国内约 25 个设计师品牌进行合作。其他业态的产品有家居、儿童用品、饮品、书籍、美甲等。

- **价格范围**

服装品类 2 000～3 000 元。

6.6.3 渠道定位

线上线下结合，主要运用微信与顾客进行沟通、宣传，未在线上开店。Vivienne 认为线上开店的成本不低，顾客购买体验也不高，随着采购关税的降低，实体店会有更大优势。

6.6.4 宣传策略

主要通过微信网络和商场的宣传进行推广，并且也会与专业的广告公司共同合作推广，不采用杂志等媒介形式。

6.6.5 视觉系统

亮黄色贯穿整个品牌形象，寓意新鲜的文化乌托邦。创始团队成员之一是宁波当地著名的店铺设计师，专门负责店铺设计装潢，秉承“做真诚的设计，遵从内心的感受”设计理念，使得 Moimoins 富有艺术和文化特色的店铺陈列和视觉展示能高频吸引顾客眼球。700 平方米的视觉空间由服饰、书店、咖啡吧、家居、婴童、摄影画廊等美学生活元素构成。不同商品分门别类巧妙融合，让人恍若置身艺术实验的独特空间，勾勒出舒适平和的“慢文化、新美学”的复合文化平台。在器皿和书籍中，触知当下和未来，发现生活的灵感。

图 6-27～图 6-32 为 Moimoins 店铺形象与货品陈列。

图 6-27　Moimoins 店铺入口

图 6-28　Moimoins 店铺服装陈列区

图 6-29　Moimoins 店铺服装展示

图 6-30　Moimoins 店铺童装区

图 6-31　Moimoins 店铺书籍陈列柜

图 6-32　Moimoins 店铺美甲服务区

6.6.6 经营现状

Moimoins 于 2015 年 11 月 14 日开业，前期开店投资600 万～700 万元。截至 2015 年 11 月末，店铺半月销售额约 30 万元。

6.6.7 发展目标

将定期举办沙龙、展览活动吸引人气。店铺可以申请承办商场主办的油画展、摄影展等。同时店铺准备与上海的策展人进行合作，定期将特色展品融入店内进行展销。

Vivienne 认为小型买手店的发展方向不会很清晰，所以团队选择的买手店店铺模式为大型集成店，希望将宁波店作为一个模板与标杆，后期希望在其他城市拓展开店。

店铺还将举办各种设计比赛和活动，激励国内设计师、学生等为店铺做专项设计。

6.7 ShowRoom·秀买手店

6.7.1 基本信息

- **店铺名称：**ShowRoom·秀
- **创立时间：**2014 年 12 月
- **创立地点：**贵州省贵阳市
- **创始人：**店铺创始人 Cherie 是英国海归，于 2014 年底与母亲一起筹备开设 ShowRoom·秀买手店。Cherie 负责整个店铺的运营管理、财务管理和人员培训，货品采购工作通常与母亲一同完成。本次采访对象为店主 Cherie，毕业于英国华威商学院，回国后缘于个人兴趣开设买手店。图 6-33 为店主 Cherie 为 ShowRoom·秀拍摄的形象宣传片。

图 6-33　Cherie 为 ShowRoom·秀买手店拍摄的形象写真

- **店铺地址:**贵州省贵阳市富水中路 66 号。

店铺选址位于贵阳市大十字商圈,是贵阳市最为成熟的商业中心,周边有大型购物中心以及百货商场,服装品牌专卖店集中分布于临近街区,商业氛围浓厚。商业活动范围包含购物、餐饮、休闲娱乐等。人流量大,交通便利。

- **微信公众号:**gh_ca10801a8cbc
- **企业概况**

ShowRoom·秀买手店于 2015 年 2 月开业,位于贵州省贵阳市富水中路 66 号迷你酒店 5 楼。2015 年 9 月,店铺调整至富水中路 66 号临街店面重新开业。ShowRoom·秀买手店销售的产品包括服装、鞋包、首饰配饰、香薰产品和家居装饰品等，同时还提供美甲和形象设计服务，店铺装修设计别致，为购物者提供了舒适的购物休闲环境，闹中取静。

- **品牌特色**

作为贵阳市服装买手店的先驱，ShowRoom·秀买手店引进了包括 Helmut Lang、Etro、Sandro、Maje、Elie Tahari、alice+olivia、Rag & Bone、House of Hello 等欧美中高档时尚设计师品牌，同时也有 Siyi Huang、Alicia Lee、L'AMITIÉ 等本土设计师品牌。2016 年 1 月，被誉为国内四大设计师品牌之一的吕燕自创服装品牌 Comme Moi 入驻 ShowRoom·秀买手店。店铺还销售韩国设计师品牌的成衣、首饰和配饰。

韩国品牌占比较大，价位相对较低，旨在让更多爱好时尚的消费者能够以较低的价格购买到喜欢的时尚类产品。在款式的挑选上，也尽量以偏常规但是不乏设计感的服装为主。

除了产品特色之外，ShowRoom·秀买手店还为顾客提供了专业细致的服务，如提供店内美甲、形象设计，美妆造型课程等服务，此外还有免费的产品保养和清洗，帮助到店客人提供随身物品保管、满额送货上门等服务。

- **发展历程**

Cherie 在英国伦敦修读商科 MBA，完全出于个人兴趣回国后在家乡城市贵阳开设了买手店。开业经营半年后开始盈利。

6.7.2 市场定位

- **目标市场**

受城市文化氛围、居民购买力和社会环境的影响，目前

ShowRoom·秀买手店的消费群体以35～45岁的成年女性为主，也有20～35岁的年轻消费群体对店内服装服饰产品抱有浓厚兴趣，消费者对时尚和服装服饰有一定的个性见解，追求较为年轻时尚的装扮，注重形象同时具有较强消费能力。

- **产品系列**

由于贵阳消费者对于前卫、极端个性化的服装款式接受度并不高，因此产品的风格以大众能够接受的、相对较为经典的款式为主。店内产品服装为主，占80%，剩余20%为鞋包配饰以及其他类型的时尚产品。目前长期合作的品牌有数十个。大部分产品均是海外时装周期间从各大买手店直接采购。

- **价格范围(各品类主要价格带)**

店内产品价格从200元起(小型首饰配饰或服装配件)到3 000～5 000元的欧美高端设计师品牌服装均有涉及。主打的服装类产品价格也从200元起到几千元不等。VIP顾客有一定的折扣优惠。

6.7.3 渠道定位

以实体店铺销售为主，微信平台辅助进行产品和店铺推广。线下实体店位于贵阳富水中路，毗邻大十字商圈。店铺周边环境热闹，人流聚集。

6.7.4 宣传策略

ShowRoom·秀买手店目前主要通过微信平台进行产品推广，同时忠诚消费者的口碑对品牌宣传起到较大推广作用。由于买手店在贵阳属于新兴店铺类型，市内的一些报刊、杂志媒体，如贵阳都市报、互动传媒、新报等，包括电台媒体对店主以及Show-

Room·秀买手店进行了采访和报道，也是对店铺进行的软文宣传。此外，店主借助自身的社会资源组织了若干针对店内 VIP 顾客的时尚推广活动。

成为 VIP 顾客的条件：在 ShowRoom·秀买手店铺单次消费满 8 000 元即可成为金卡会员。VIP 顾客为终身制，可享受的服务有折扣、新品预览、会员生日小礼物、整体造型赠送等。VIP 顾客维护主要采用微信和手机短信等方式。

6.7.5 视觉系统

实体店设计风格主要遵循店主的个人喜好，聘请专业设计师进行店铺的室内设计。店铺面积 300 平方米左右，以复古风格为基调，打造较为舒适的购物环境。店铺中设有化妆台、沙发、电脑操作台等设施，同时提供咖啡、茶点，以提升购物体验。实际用于产品陈列和销售的面积约占整个店铺面积的 1/2。图 6-34～图 6-39所示为 ShowRoom·秀买手店店铺形象。

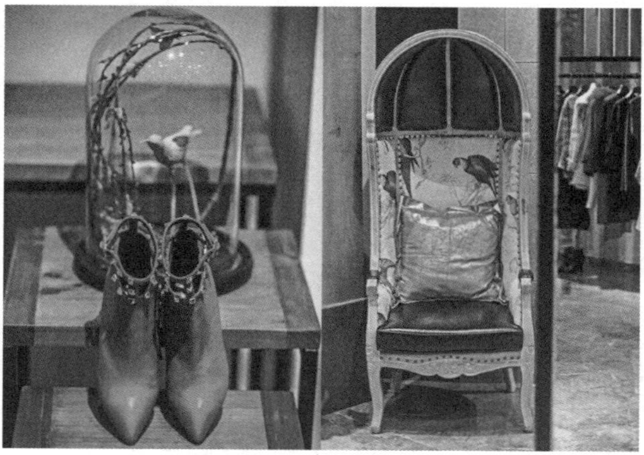

图 6-34 ShowRoom·秀店铺形象宣传写真

图 6-35 ShowRoom·秀店内台阶转角与服饰挂架

图 6-36 ShowRoom·秀店铺试衣间

图 6-37 ShowRoom·秀店铺服装展示架及休闲区

图 6-38　ShowRoom · 秀店铺服饰陈列柜

图 6-39　ShowRoom · 秀店铺服饰陈列架

6.7.6　经营现状

店铺共有 15 名全职店员，其中店长 1 名、副店长 2 名。店员具有一定的产品销售经验，但是对于时尚类产品的销售，尤其是产品搭配、为顾客推荐产品时相关的知识积累和对流行时尚的敏感度不足，计划不定期对店员进行相关培训。由于买手店货品更换频率高，品牌、产品数量众多，因此对店员的要求与一般服装品牌店员有一定的差异。店员的薪酬由基本工资加销售业绩提成构成。

买手店固定的设计师品牌相对较少，店主赴韩国、欧洲和美国进行采购时，主要根据消费者的服装风格喜好和主观感受进行服装挑选，因此每次采购的服装品牌不尽相同。

店铺目前的主要消费群体年龄层以中年为主,受当地消费水平和消费习惯影响,年轻人更倾向于通过网络购买价格较为低廉的时尚产品,但也会有一些年轻人关注买手店的产品,购买力一般。

周末和工作日的客流量没有明显的差别,以忠诚顾客为主,因此进店选购的顾客一般目标较明确,购买率也较高。

6.7.7 发展目标

市场拓展方面,2015 年 9 月在同一街道开设临街店铺(楼上店铺关闭后转租)。临街店铺可能更加有利于吸引目标消费者的关注,店铺的装修基调也会进行一定的调整,但店内货品的风格走向不变。

附录

实 用 资 料

附表 1　海外时装周时间表(2017 年秋冬系列)

举办月份	时装周	举办时期
2017 年 1 月	伦敦男装周	1 月 6 日～1 月 9 日
	佛罗伦萨时装周	1 月 10 日～1 月 13 日
	米兰男装周	1 月 13 日～1 月 17 日
	柏林时装周	1 月 17 日～1 月 19 日
	巴黎男装周	1 月 18 日～1 月 22 日
	巴黎高级定制周	1 月 22 日～1 月 26 日
	杜塞尔多夫时装周	1 月 28 日～1 月 31 日
	斯德哥尔摩时装周	1 月 29 日～1 月 31 日
	纽约男装周	1 月 30 日～2 月 2 日
	巴塞罗那时装周	1 月 30 日～2 月 3 日
	哥本哈根时装周	1 月 31 日～2 月 3 日
2017 年 2 月	基辅时装周	2 月 4 日～2 月 8 日
	纽约时装周	2 月 8 日～2 月 16 日
	慕尼黑时装周	2 月 10 日～2 月 14 日
	伦敦时装周	2 月 17 日～2 月 21 日
	拉斯维加斯时装周	2 月 20 日～2 月 23 日
	米兰时装周	2 月 22 日～2 月 27 日
	巴黎时装周	2 月 28 日～3 月 8 日
2017 年 3 月	洛杉矶时装周	3 月 13 日～3 月 15 日
	东京时装周	3 月 20 日～3 月 25 日
	里斯本 & 波尔图时装周	3 月 22 日～3 月 25 日
	首尔时装周	3 月 27 日～4 月 1 日
2017 年 5 月	迈阿密时装周	5 月 4 日～5 月 7 日
	第比利斯时装周	5 月 4 日～5 月 8 日
	迪拜时装周	5 月 16 日～5 月 20 日
	突尼斯时装周	5 月 17 日～5 月 20 日

来源：http://www.modemonline.com/fashion/

附表2　海外时装周时间表(2018年春夏系列)

举办月份	时装周	举办时期
2017年6月	伦敦男装周	6月9日~6月12日
	佛罗伦萨时装周	6月13日~6月16日
	米兰男装周	6月17日~6月20日
	巴黎男装周	6月21日~6月25日
	巴塞罗那时装周	6月26日~6月30日
2017年7月	巴黎高级定制	7月2日~7月6日
	柏林时装周	7月4日~7月6日
	纽约男装周	7月10日~7月13日
	迈阿密时装周	7月19日~7月23日
	杜塞尔多夫时装周	7月22日~7月25日
2017年8月	慕尼黑时装周	8月5日~8月8日
	哥本哈根时装周	8月9日~8月11日
	拉斯维加斯时装周	8月14日~8月16日
	斯德哥尔摩时装周	8月30日~9月1日
2017年9月	基辅时装周	9月4日~9月9日
	纽约时装周	9月7日~9月14日
	伦敦时装周	9月15日~9月19日
	米兰时装周	9月20日~9月26日
	巴黎时装周	9月26日~10月4日
2017年10月	洛杉矶时装周	10月9日~10月11日
	里斯本时装周	10月14日~10月16日
	首尔时装周	10月16日~10月21日
	东京时装周	10月16日~10月22日
	波尔图时装周	10月19日~10月21日
2017年11月	迈阿密时装周	11月8日~11月12日
	迪拜时装周	11月15日~11月19日

来源：http://www.modemonline.com/fashion/

附表 3　海外贸易展览会信息表(2018 年)

贸易展览会	日期	城市
(CAPSULE) LV	2018 年 2 月 12 日～2 月 14 日	拉斯维加斯
(CAPSULE) New York Men's	2018 年 1 月 23 日～1 月 25 日	纽约
(CAPSULE) New York Women's Accessories	2018 年 2 月 24 日～2 月 26 日	纽约
(CAPSULE) New York Women's RTW	2018 年 2 月 24 日～2 月 26 日	纽约
(CAPSULE) Paris Men's	2018 年 1 月 19 日～1 月 21 日	巴黎
ACCESSORIE CIRCUIT	2018 年 1 月 07 日～1 月 09 日	纽约
ACCESSORIES THE SHOW	2018 年 1 月 07 日～1 月 09 日	纽约
Ambiance	2018 年 2 月 06 日～2 月 08 日	东京
Apparel Sourcing NY	2018 年 1 月 22 日～1 月 24 日	纽约
Apparel Sourcing Paris	2018 年 2 月 11 日～2 月 14 日	巴黎
Apparel Sourcing Paris	2018 年 9 月 17 日～9 月 20 日	巴黎
Asia Apparel Expo Berlin	2018 年 2 月 22 日～2 月 24 日	柏林
Avantex	2018 年 2 月 11 日～2 月 14 日	巴黎
Avantex	2018 年 9 月 17 日～9 月 20 日	巴黎
BIJORHCA	2018 年 1 月 19 日～1 月 22 日	巴黎
BIJORHCA	2018 年 9 月 07 日～9 月 10 日	巴黎
Bisutex	2018 年 1 月 31 日～2 月 04 日	马德里
BRIGHT	2018 年 1 月 16 日～1 月 18 日	柏林
CHILDREN'S CLUB	2018 年 1 月 07 日～1 月 09 日	纽约
CHILDREN'S CLUB	2018 年 2 月 25 日～2 月 28 日	纽约
CHILDREN'S CLUB MAGIC	2018 年 2 月 12 日～2 月 14 日	拉斯维加斯
CIFF	2018 年 1 月 31 日～2 月 02 日	哥本哈根
CIFF KIDS	2018 年 1 月 31 日～2 月 02 日	菲特烈堡

（续表）

贸易展览会	日期	城市
CIFF RAVEN	2018年1月31日～2月02日	哥本哈根
COAST	2018年1月11日～1月12日	德尔雷比奇
COAST	2018年3月28日～3月29日	迈阿密
COAST	2018年5月21日～5月22日	德尔雷比奇
COAST	2018年10月01日～10月02日	迈阿密
COAST	2018年1月02日～1月03日	德尔雷比奇
COEUR X PROJECT WOMENS	2018年2月12日～2月14日	拉斯维加斯
COTERIE	2018年2月26日～2月28日	纽约
CPM Collection Premiere Moscow	2018年2月19日～2月22日	莫斯科
CPM Collection Premiere Moscow	2018年8月29日～9月01日	莫斯科
CURVE LAS VEGAS	2018年2月12日～2月14日	拉斯维加斯
CURVENY	2018年2月26日～2月28日	纽约
Denim Première Vision	2018年5月23日～5月24日	巴黎
DESIGNERS & AGENTS	2018年2月25日～2月27日	纽约
DESIGNERS & AGENTS	2018年9月14日～9月16日	纽约
Designers & Agents LA	2018年1月15日～1月17日	洛杉矶
Designers & Agents LA	2018年3月12日～3月14日	洛杉矶
Designers & Agents LA	2018年6月18日～6月20日	洛杉矶
Designers & Agents LA	2018年10月08日～10月10日	洛杉矶
Edge Designers NYC	2018年2月23日～2月26日	纽约
Ethical Fashion Show Berlin	2018年1月16日～1月18日	柏林
FAME	2018年1月07日～1月09日	纽约
FAME	2018年2月26日～2月28日	纽约

(续表)

贸易展览会	日期	城市
Fashion KODE	2018 年 3 月 15 日～3 月 17 日	首尔
Fashion SVP	2018 年 1 月 16 日～1 月 17 日	伦敦
Fashion World Tokyo	2018 年 4 月 04 日～4 月 06 日	东京
Fashion World Tokyo	2018 年 10 月 22 日～10 月 24 日	东京
FASHIONTECH Berlin	2018 年 1 月 16 日～1 月 16 日	柏林
FFANY	2018 年 2 月 06 日～2 月 08 日	纽约
FFANY	2018 年 6 月 05 日～6 月 07 日	纽约
Filo	2018 年 2 月 21 日～2 月 22 日	米兰
FN PLATFORM	2018 年 2 月 12 日～2 月 14 日	拉斯维加斯
FOOTWEAR SOURCING @ MAGIC	2018 年 2 月 11 日～2 月 14 日	拉斯维加斯
Fragranze 16	2018 年 9 月 14 日～9 月 16 日	佛罗伦萨
Gallery Dusseldorf	2018 年 1 月 27 日～1 月 29 日	杜塞尔多夫
Gallery Dusseldorf	2018 年 7 月 21 日～7 月 23 日	杜塞尔多夫
Gallery Shoes	2018 年 3 月 11 日～3 月 13 日	杜塞尔多夫
Gallery Shoes	2018 年 9 月 02 日～9 月 04 日	杜塞尔多夫
Greenshowroom	2018 年 1 月 16 日～1 月 18 日	柏林
I. L. M Winter Styles	2018 年 3 月 03 日～3 月 05 日	美因河畔奥芬巴赫
IFF MAGIC Japan	2018 年 4 月 25 日～4 月 27 日	东京
Innatex	2018 年 1 月 20 日～1 月 22 日	霍夫海姆
Interfilière Paris	2018 年 1 月 20 日～1 月 22 日	巴黎
Interfilière Paris	2018 年 7 月 07 日～7 月 09 日	巴黎
Intergift	2018 年 1 月 31 日～2 月 04 日	马德里
INTERMEZZO COLLECTIONS	2018 年 1 月 07 日～1 月 09 日	纽约

(续表)

贸易展览会	日期	城市
Jacket Required London	2018 年 1 月 24 日～1 月 25 日	伦敦
Jacket Required London	2018 年 7 月 25 日～7 月 26 日	伦敦
Leatherworld Duba	2018 年 2 月 27 日～3 月 01 日	迪拜
LIBERTY FAIRS	2018 年 1 月 23 日～1 月 25 日	纽约
LIBERTY FAIRS LV	2018 年 2 月 12 日～2 月 14 日	拉斯维加斯
Lineapelle	2018 年 2 月 20 日～2 月 22 日	米兰
Lineapelle London	2018 年 1 月 23 日～1 月 23 日	伦敦
Lineapelle New York	2018 年 1 月 31 日～2 月 01 日	纽约
London Fashion Week Designer Showrooms	2018 年 2 月 16 日～2 月 20 日	伦敦
London Fashion Week Designer Showrooms	2018 年 9 月 14 日～9 月 18 日	伦敦
London Fashion Week Men's Designer Showrooms	2018 年 1 月 05 日～1 月 08 日	伦敦
London Fashion Week Men's Designer Showrooms	2018 年 6 月 08 日～6 月 11 日	伦敦
Made In France Première Vision	2018 年 3 月 28 日～3 月 29 日	巴黎
Madrid Joya	2018 年 1 月 31 日～2 月 04 日	马德里
MAN	2018 年 1 月 19 日～1 月 21 日	巴黎
MAN	2018 年 1 月 23 日～1 月 25 日	纽约
Meet The Manufacturer	2018 年 5 月 23 日～5 月 24 日	伦敦
Micam 85	2018 年 2 月 11 日～2 月 14 日	米兰
Micam 86	2018 年 9 月 16 日～9 月 19 日	米兰
MILANO UNICA	2018 年 2 月 06 日～2 月 08 日	米兰
MIPEL	2018 年 2 月 11 日～2 月 14 日	米兰

（续表）

贸易展览会	日期	城市
MODA	2018 年 1 月 07 日～1 月 09 日	纽约
MODA	2018 年 2 月 26 日～2 月 28 日	纽约
Mode City	2018 年 7 月 07 日～7 月 09 日	巴黎
Mode Lingerie and Swim Moscow	2018 年 2 月 19 日～2 月 22 日	莫斯科
Modefabriek	2018 年 1 月 21 日～1 月 22 日	阿姆斯特丹
Momad Metrópolis	2018 年 2 月 02 日～2 月 04 日	马德里
Momad Shoes	2018 年 3 月 02 日～3 月 04 日	马德里
Mosshoes	2018 年 1 月 16 日～1 月 19 日	莫斯科
Mosshoes	2018 年 3 月 13 日～3 月 16 日	莫斯科
Mosshoes	2018 年 6 月 05 日～6 月 08 日	莫斯科
MRKET	2018 年 1 月 21 日～1 月 23 日	纽约
Munich Fabric Start	2018 年 1 月 30 日～2 月 01 日	慕尼黑
Munich Fabric Start	2018 年 9 月 04 日～9 月 06 日	慕尼黑
PANORAMA Berlin	2018 年 1 月 16 日～1 月 18 日	柏林
Paris SUR MODE TUILERIES	2018 年 3 月 01 日～3 月 04 日	巴黎
Pitti Immagine Bimbo 86	2018 年 1 月 18 日～1 月 20 日	佛罗伦萨
Pitti Immagine Bimbo 87	2018 年 6 月 21 日～6 月 23 日	佛罗伦萨
Pitti Immagine Filati 82	2018 年 1 月 24 日～1 月 26 日	佛罗伦萨
Pitti Immagine Filati 83	2018 年 6 月 27 日～6 月 29 日	佛罗伦萨
Pitti Immagine Uomo 93	2018 年 1 月 09 日～1 月 12 日	佛罗伦萨
Pitti Immagine Uomo 94	2018 年 6 月 12 日～6 月 15 日	佛罗伦萨
POOLTRADESHOW	2018 年 2 月 12 日～2 月 14 日	拉斯维加斯
POOLTRADESHOW NYC	2018 年 6 月 10 日～6 月 12 日	纽约
Premiere Classe	2018 年 1 月 19 日～1 月 22 日	巴黎

（续表）

贸易展览会	日期	城市
PREMIERE CLASSE TUILERIES	2018 年 3 月 01 日～3 月 04 日	巴黎
Première Vision Accessories	2018 年 2 月 13 日～2 月 15 日	维勒潘特
Première Vision Accessories	2018 年 9 月 19 日～9 月 21 日	维勒潘特
Première Vision Designs	2018 年 2 月 13 日～2 月 15 日	维勒潘特
Première Vision Designs	2018 年 9 月 19 日～9 月 21 日	维勒潘特
Première Vision Fabrics	2018 年 2 月 13 日～2 月 15 日	维勒潘特
Première Vision Fabrics	2018 年 9 月 19 日～9 月 21 日	维勒潘特
Première Vision Dusseldorf	2018 年 3 月 21 日～3 月 23 日	伊斯坦布尔
Première Vision Leather	2018 年 2 月 13 日～2 月 15 日	维勒潘特
Première Vision Leather	2018 年 9 月 19 日～9 月 21 日	维勒潘特
Première Vision Manufacturing	2018 年 2 月 13 日～2 月 15 日	维勒潘特
Première Vision Manufacturing	2018 年 9 月 19 日～9 月 21 日	维勒潘特
Première Vision New York	2018 年 1 月 16 日～1 月 17 日	纽约
Première Vision Specialized Areas	2018 年 2 月 13 日～2 月 15 日	维勒潘特
Première Vision Specialized Areas	2018 年 9 月 19 日～9 月 21 日	维勒潘特
Première Vision Yarns	2018 年 2 月 13 日～2 月 15 日	维勒潘特
Première Vision Yarns	2018 年 9 月 19 日～9 月 21 日	维勒潘特
PREMIUM International Fashion Trade Show	2018 年 1 月 16 日～1 月 18 日	柏林
PREMIUM ORDER Munich	2018 年 2 月 10 日～2 月 12 日	柏林
Print Source	2018 年 1 月 16 日～1 月 17 日	纽约
PROJECT Las Vegas	2018 年 2 月 12 日～2 月 14 日	拉斯维加斯

（续表）

贸易展览会	日期	城市
PROJECT NYC	2018 年 1 月 21 日～1 月 23 日	纽约
PROJECT WOMENS	2018 年 2 月 12 日～2 月 14 日	拉斯维加斯
Pure London	2018 年 2 月 11 日～2 月 13 日	伦敦
Pure London	2018 年 7 月 22 日～7 月 24 日	伦敦
REVOLVER	2018 年 1 月 31 日～2 月 02 日	哥本哈根
rooms EXPERIENCE	2018 年 2 月 21 日～2 月 23 日	东京
Salon International de la Lingerie	2018 年 1 月 20 日～1 月 22 日	巴黎
SCOOP	2018 年 1 月 28 日～1 月 30 日	伦敦
SEEK	2018 年 1 月 16 日～1 月 18 日	柏林
Selvedge Run	2018 年 1 月 16 日～1 月 18 日	柏林
Shawls & Scarves	2018 年 2 月 11 日～2 月 14 日	巴黎
Shawls & Scarves	2018 年 9 月 17 日～9 月 20 日	巴黎
SHOW & ORDER X PREMIUM	2018 年 1 月 16 日～1 月 18 日	柏林
SI SPOSAITALIA Collezioni	2018 年 4 月 06 日～4 月 09 日	米兰
Silmo	2018 年 9 月 28 日～10 月 01 日	巴黎
SIKE COMMERCE	2018 年 2 月 26 日～2 月 28 日	纽约
Soleil Tokyo	2018 年 3 月 27 日～3 月 29 日	东京
SOURCING at MAGIC	2018 年 2 月 11 日～2 月 14 日	拉斯维加斯
SOURCING @ COTERIE	2018 年 9 月 15 日～9 月 17 日	纽约
Spinexpo Paris	2018 年 7 月 06 日～7 月 07 日	巴黎
Splash Paris	2018 年 6 月 23 日～6 月 25 日	巴黎
STITCH @ COTERIE	2018 年 2 月 26 日～2 月 28 日	纽约
STITCH @ PROJECT WOMENS	2018 年 2 月 12 日～2 月 14 日	拉斯维加斯
SUPER 11	2018 年 2 月 24 日～2 月 26 日	米兰

(续表)

贸易展览会	日期	城市
SUPER 12	2018年9月22日～9月24日	米兰
SUPREME Body&Beach	2018年2月25日～2月27日	慕尼黑
Supreme Kids	2018年1月26日～1月28日	慕尼黑
Supreme Kids Celebration	2018年6月06日～6月07日	慕尼黑
SUPREME Tracht&Country	2018年3月11日～3月12日	慕尼黑
SUPREME Women&Men Dusseldorf	2018年1月27日～1月30日	杜塞尔多夫
SUPREME Women&Men München	2018年2月10日～2月13日	慕尼黑
Techtextil North America	2018年5月22日～5月24日	亚特兰大
TEXFUSION	2018年3月20日～3月21日	伦敦
Textile Forum	2018年3月14日～3月15日	伦敦
Textile Tokyo	2018年4月04日～4月06日	东京
Textile Tokyo	2018年10月22日～10月24日	东京
Texworld	2018年2月11日～2月14日	巴黎
Texworld	2018年9月17日～9月20日	巴黎
Texworld Denim	2018年9月17日～9月20日	巴黎
Texworld Denim (New entry)	2018年2月11日～2月14日	巴黎
TEXWORLD USA	2018年1月22日～1月24日	纽约
THE COLLECTIVE	2018年2月12日～2月14日	拉斯维加斯
The London Print Design Fair	2018年3月20日～3月21日	伦敦
The London Textile Fair	2018年1月10日～1月11日	伦敦
THE ONE MILANO	2018年2月23日～2月26日	米兰
The Sourcing Connection Première Vision	2018年2月13日～2月15日	维勒潘特
The Sourcing Connection Première Vision	2018年9月19日～9月21日	维勒潘特

（续表）

贸易展览会	日期	城市
THE TENTS Las Vegas	2018年2月12日～2月14日	拉斯维加斯
Traffic	2018年4月04日～4月05日	巴黎
TRANOÏ JANUARY EDITION	2018年1月19日～1月21日	巴黎
TRANOÏ MARCH EDITION	2018年3月02日～3月05日	巴黎
TRANOÏ Paris：Men's & Women's Pre-collections	2018年6月22日～6月24日	巴黎
TRANOÏ Paris：Women's	2018年9月28日～10月01日	巴黎
VIEW	2018年7月17日～7月18日	慕尼黑
WHITE MILANO	2018年2月23日～2月26日	米兰
WHITE MILANO	2018年9月21日～9月24日	米兰
WHITE Man & Woman	2018年1月13日～1月15日	米兰
WHITE Man & Woman	2018年6月16日～6月18日	米兰
WHO'S NEXT	2018年1月19日～1月22日	巴黎
WOMAN	2018年2月22日～2月24日	纽约
WOMAN	2018年3月02日～3月04日	巴黎
WWDMAGIC	2018年2月12日～2月14日	拉斯维加斯

来源：http://www.modemonline.com/fashion/

附表4　海外部分 Showroom 列表

Showroom	所在地
#8 New York	纽约、洛杉矶
10eleven	巴黎
247 showroom	巴黎、米兰
30∶70 Agency	巴黎
a number of names*	纽约

（续表）

Showroom	所在地
Agence M & K	巴黎
AMF Showroom	巴黎
Anatomy	巴黎
Apropo Studio	纽约
Archetype Showroom	纽约
Arete' Showroom	米兰
Aubrey Company	纽约、洛杉矶
Avista Showroom	巴黎、米兰
Barefootchic	伦敦、纽约、巴黎
Bernd Schürmann	柏林、巴黎
Boon	巴黎
BPMW	纽约
Brama	哥本哈根、巴黎
Bramarais	哥本哈根、巴黎
Breramode	米兰
Carbon Buying	巴黎
CD Network	纽约、巴黎
Chiltern Street Studio	伦敦
Concrete Studio	巴黎、伦敦
Continuo su Bologna	米兰、罗马、佛罗伦萨
Continuo su Firenze	米兰、罗马、佛罗伦萨
Continuo su Milano	米兰、罗马、佛罗伦萨
Creative Door	巴黎
Crossroad France	巴黎

(续表)

Showroom	所在地
D-Tails	柏林、杜塞尔多夫、慕尼黑
Daniele Ghiselli Diffusione	米兰
Debut New York	纽约
Deluxe Distribution GmbH Co. KG	柏林
DMSR London	巴黎、伦敦
DMVB	米兰
Easternblock	巴黎
Elisa Gaito	米兰
eM Productions	纽约、洛杉矶
Fashion Club 70	比利时安特卫普
Fashionhaus	纽约
Fashionlink	米兰
Fiftytwo	纽约
Findings	纽约、巴黎、洛杉矶
Five0five	巴黎
Garguz Showroom	伦敦
Goa Corporation	米兰
Groupe JBMartin Paris	巴黎、米兰
Guffanti Concept Showroom	米兰
H3O Fashion Bureau	巴黎
Heda Showroom	米兰
Imoni Showroom	巴黎
In Style Srl	米兰、巴黎
Initiales BB Distribution	普罗旺斯地区卡努

（续表）

Showroom	所在地
Joey Showroom	纽约、洛杉矶
L'ANNEXE curated by Touba London	巴黎
L. A. Distribuzione	米兰、巴黎
Lakic showroom	巴黎
M3 etc...	米兰
M5 Showroom	纽约
Marziano Bello	米兰、巴黎、纽约
Massimo Bonini Showroom	米兰、纽约
MC2 Diffusion	巴黎
Mirabel Edgedale	米兰、伦敦、巴黎
modEL inc.	巴黎、东京
NanaSuzuki Showroom	巴黎
New Look Fashion Deal	比利时安特卫普
NOMET Showroom	巴黎、东京
Noseason	巴黎
ODVision	纽约
OMarais Paris	巴黎
Onward Luxury Group	纽约、米兰、巴黎、东京
Panorama Moda	米兰
Papaveri Showroom	米兰
Pink Heater Agency	纽约、巴黎
Plan 8 SHOWROOMS	巴黎
Point di Mariapia Bernardis & Co	米兰
Polly King & Co	伦敦、纽约、巴黎、哥本哈根

(续表)

Showroom	所在地
PR 01. Showroom	东京、纽约、巴黎
Progetto Showroom	米兰
Project Distribution	布鲁塞尔
Qlip Showroom	巴黎
Rainbowwave	纽约、伦敦、巴黎
Red Velvet LLC	纽约
Renzo Vesentini	米兰
Riccardo Grassi Showroom	米兰、巴黎
Robert Dodd Showroom	巴黎
Room Twelve	杜塞尔多夫、慕尼黑
Rosenthal Trading GmbH	佛罗伦萨、柏林、杜塞尔多夫、慕尼黑、巴黎
Selene Collins	巴黎
Showroom Ateliel	巴黎、纽约
Showroom Demavinssy	巴黎
Showroom Fabre	巴黎
Showroom La Din	巴黎
Showroom Marcona3	米兰、巴黎
Showroom Moda Pada	米兰
Showroom Next Door by Touba London	伦敦、巴黎
Showroom Nyky	米兰
Showroom romeo	巴黎
Showroom Seven	纽约、洛杉矶、巴黎
Six London	巴黎、伦敦、米兰
Soledad Senlle	阿姆斯特丹

（续表）

Showroom	所在地
Spazio 38	比利时安特卫普
Spazio Liberty	米兰
Spring Up	米兰
Staff International Showroom	米兰、巴黎
Stealthprojekt Gallery	巴黎
Steven Alan Showroom	纽约、洛杉矶
STUDIOZETA. org	米兰、巴黎
Tandem Showroom	巴黎、马赛
The Address	米兰
The Alphabet Showroom	纽约、伦敦、巴黎
The Globe Showroom	纽约、洛杉矶
The Hive Showroom	纽约
The News	纽约、巴黎、洛杉矶
The Triple A Loft	纽约
Tomorrow	伦敦、米兰、巴黎、纽约
V. P. Collections	巴黎
Vald Agency	纽约、洛杉矶、米兰、巴黎、哥本哈根
Vald Atelier	纽约、洛杉矶、米兰、巴黎、哥本哈根
Vald Showroom	纽约、洛杉矶、米兰、巴黎、哥本哈根
Valentine et Thomas Dufour	巴黎
Valery Demure	纽约、巴黎
Veleno Diffusion	布鲁塞尔
W29 Showroom	纽约
Williamson PR & Showroom	纽约

(续表)

Showroom	所在地
X'Tige	纽约、洛杉矶
Zappieri Milano	都灵、米兰、佛罗伦萨、罗马

来源：http://www.modemonline.com/fashion/

附表5　中国时装周时间表(2017年)

时装周	时间	地点
上海时装周	2017年4月7日～4月14日	上海
	2017年10月11日～10月18日	
中国国际时装周	2017年3月24日～4月1日	北京
	2017年10月29日～11月7日	
深圳时装周	2017年3月17日～3月23日	深圳

来源：http://www.chinafashionweek.org/；http://www.shang haifashion-week.com/；http://www.szfashionweek.com/

附表6　中国贸易展览会信息表(2017年)

展会	时间	地点
香港国际时尚内衣泳装展 Interfilière Hong Kong	2017年3月7～8日	香港会议展览中心
中国国际服装服饰博览会(春季)CHIC	2017年3月15～17日	国家会展中心(上海)
深圳国际纺织面料及辅料博览会 Intertextile Pavilion Shenzhen	2017年7月6～8日	深圳会展中心
家用纺织品及辅料(秋冬)博览会 Intertextile home Shanghai	2017年8月23～26日	国家会展中心(上海)
国际纺织品专业处理(洗衣)亚洲展览会 Texcare Asia	2017年9月27～29日	上海新国际博览中心

（续表）

展会	时间	地点
上海国际内衣泳装原辅料展 Interfilière Shanghai	2017 年 10 月 10～11 日	上海展览中心
中国国际服装服饰博览会（秋季）CHIC	2017 年 10 月 11～13 日	国家会展中心（上海）

来源：http://www.chiconline.com.cn/；http://www.intertextile.com.cn/；http://www.interfiliere.com/；http://www.cecsh.com/

附表 7　中国部分 Showroom 列表

Showroom	所在地
DFO	上海
时堂 Showroom	上海
新联纺	上海
上海工艺美术行业协会	上海
VDS	上海
OntimeShow	上海
JWN. IdeaHouse	上海
Empress	上海
Both	上海
Alter	上海
FDC	上海
灯塔 Showroom	上海
FUSIONCOSHOWROOM	上海
HT	上海
K-SOUL	上海
KateZhou	上海
Mi Showroom	上海

（续表）

Showroom	所在地
NHEW	上海
PROJECTCROSSOVER	上海
SOMISHOWROOM	上海
ShoesFromSpain	上海
尚街 Loft Showroom	上海
试管/TUBE	上海
土城空间 TUCHENG	上海
THESQUARE	上海
TUDOO Showroom	上海、深圳
WH Showroom	上海
Weare 设计联盟	上海
原译 YIVVAN	上海
Glamour Showroom	深圳
CT Showroom	香港

来源：http://www. mode-sh. com/cn/archive/2016SS/；http://www. modemonline. com/fashion/；http://www. szfashionweek. com/

参 考 文 献

[1] 林望道. 从零开始学开店[M]. 上海:立信会计出版社,2014.

[2] 李国良. 流程制胜[M]. 北京:中国发展出版社,2005.

[3] 施瑾,叶琪峥. 中国买手店研究报告[R]. RET 睿意德中国商业地产研究中心,观潮时尚网,2015.

[4] 董笑妍,张彦山. 揭开买手店面纱 中国式买手店运营模式初探[J]. 纺织服装周刊,2014(15):54.

[5] [英]海伦·戈沃瑞克. 时尚买手[M]. 甘治昕,弓卫平,译. 北京:中国纺织出版社,2009.

[6] 顾萌珠. 基于价值链的百货公司买手模式研究[D]. 上海:东华大学,2013.

[7] 蒋玉红. 企业采购应遵循 5R 原则[J]. 机电信息,2003(23):38-39.

[8] 陈静. 服装买手在国内品牌中的职能化运作研究[D]. 北京:北京服装学院,2008.

[9] [美]杰·戴孟德,[美]杰拉德·皮特. 服饰零售采购—买手实务[M]. 王琪,弓卫平,译. 北京:中国纺织出版社,2007.

[10] 石旭光. 基于顾客价值的纺织服装专业会展竞争力研究[D]. 上海:东华大学,2007.

[11] 世界知名纺织服装展览会纵览[OL]. 中华纺织网,[2003-08-01]. http://www.texindex.com.cn/Articles/2003-8-1/15970.html.

[12] 时装色彩流行趋势预测及色彩搭配[OL]. 罗易色彩的博客,[2012-03-26]. http://blog.sina.com.cn/s/blog_654ebfbf01011hmo.html.

[13] 于扬,杨彬,冯阳松. 互联网+:企业行动指南[M]. 北京:机械工业出版社,2015.

[14] Lord & Taylor Got 50 Instagrammers to Wear the Same Dress, Which Promptly Sold Out Flooding fashion feeds pays off By David Griner [EB/OL]. http://www.adweek.com/advertising-branding, 2015.3.31.

[15] Why J. Crew Hired A 4-Year-Old [EB/OL]. http://www.refinery29.com/2014/12/ 79230/jcrew-mayhem-crewcuts-kids-collaboration#slide, 2014.11.10.

[16] 林光涛,李鑫. 陈列规划:时尚零售业商品视觉管理及应用[M]. 北京:化学工业出版社,2015.

[17] 陈建辉. 论服装卖场产品陈列与空间布局中的视觉心理[J]. 装饰,2005(11).